# »Keine Feier ohne Meyer«

Schriftenreihe des
Berlin Museums
zur Geschichte
von Handel und Gewerbe
in Berlin

Band 2

Inka Bertz

# »Keine Feier
ohne Meyer«

Die Geschichte
der Firma
Hermann Meyer & Co.
1890–1990

Mit einem Vorwort
von Rolf Bothe

Berlin Museum

Die Verfasserin dankt all denen, die dem Aufruf der Firma, »alles zur Feier von Meyer« zu sammeln, gefolgt sind und ihre Erinnerungsstücke dem Museum zur Verfügung gestellt haben.

Für persönliche Mitteilungen und Hilfe dankt die Verfasserin: Ernst-Ludwig Bark, Gerhard Chrapkowski, Hedwig Dziuba, Leonie Feigl, Everard U. Frey, Hans Hähnel, Manfred Jehle, Thomas Jersch, Willi Kindl, Manfred Krampitz, Heinrich Lorenz, Hella Schenkewitz, Hildegard Scobel, Alfred Seelig, Wolfgang Tarrach, Charlotte Wolf, Hildegard Zeper, den Mitarbeiterinnen und Mitarbeitern der Firma Meyer & Beck, ihrem Geschäftsführer Klaus Würfl und ganz besonders Jörg Ridder.

Redaktion: Maren Krüger
Gestaltung: Jürgen Freter
Umschlagentwurf: Jürgen Freter
unter Verwendung eines Werbemotivs aus den dreißiger Jahren
Fotos: Friedhelm Hoffmann
Georg Niedermeiser
Satz: Mega-Satz-Service
Herstellung: Reiter-Druck
alle Berlin

Ⓒ 1990 by Berlin Museum, Berlin

CIP-Kurztitelaufnahme der Deutschen Bibliothek:

Bertz, Inka:
»Keine Feier ohne Meyer« : die Geschichte der Firma Hermann Meyer & Co. 1890–1990 / Inka Bertz. — Berlin : Berlin Museum, 1990
(Schriftenreihe des Berlin Museums zur Geschichte von Handel und Gewerbe in Berlin ; Bd. 2)
ISBN 3-925653-03-1
NE: Berlin Museum: Schriftenreihe des Berlin Museums...

# Inhalt

# Vorwort

Mit der vorliegenden Veröffentlichung zur Geschichte der Firma Hermann Meyer erscheint der zweite Band einer Publikationsreihe zur Berliner Firmengeschichte. Wie beim ersten Band über die Geschichte der Neuköllner »Gesellschaft für Blechemballage und Plakatindustrie« ist die Publikation auch hier mit der Übernahme von Ausstellungsgut für das Museum verbunden. Im Gegensatz zur vorangegangenen Veröffentlichung und wohl auch zu den weiteren Planungen, die sich vorzugsweise mit künstlerisch gestalteten Objekten befassen, treten diesmal die Produkte gegenüber der Firmengeschichte zurück. Wie kaum ein anderes Unternehmen, ist die Firma besonders eng mit Berlin verbunden. Es dürfte wohl keinen Berliner geben, dem der 1924 kreierte Slogan »Keine Feier ohne Meyer« nicht bestens bekannt wäre.

1890 gründete der Unternehmer Hermann Meyer in der Oranienburger Straße sein »Spiritus- und Produkten-Kommissions-Geschäft«, dessen Sitz er schon wenige Jahre später in den Wedding verlegte und in kurzer Zeit zu einem führenden Unternehmen der Branche ausbaute. Meyers Erfolgsrezept – heute eine Selbstverständlichkeit – war damals eine epochale Idee, sich nämlich direkt und weiträumig im gesamten Stadtgebiet Kunden zu sichern, das heißt Filialen zu gründen. Bereits 1898 verfügte Meyer in Berlin über etwa 250 »Niederlagen«, mit denen er auf direktem Wege die Kunden erreichen konnte. Das immer gleiche Erscheinungsbild der Meyerschen Ladenschilder untermauerte die Erfolgsstrategie. Kaum eine Ladenkette in Berlin hatte sich dem Konsumenten derartig eingeprägt, und man kann sagen, seit 100 Jahren gehören die Meyer-Läden zum Stadtbild Berlins.

Daß der Firmengründer und seine Teilhaber Louis Licht und Max Warschauer jüdische Bürger waren, hatte für die Geschichte der Firma zunächst kaum Bedeutung gehabt. Aber bereits 1928 war das Unternehmen antisemitischen Angriffen ausgesetzt; im Zusammenhang mit der aufkommenden Wirtschaftskrise wurden »die Juden« schnell und mit eilfertiger Billigung weiter Kreise der Bevölkerung zum Sündenbock gestempelt. In den Jahren bis 1936 wurden die jüdischen Vorstandsmitglieder aus dem Unternehmen gedrängt, das schrittweise bis 1938 »arisiert« wurde. Einige jüdische Firmenmitglieder in leitenden Funktionen konnten emigrieren, andere wurden verfolgt, deportiert, ermordet. Über das Schicksal der jüdischen Arbeiterinnen und Arbeiter wissen wir so gut wie nichts.

1941 wurde die Hermann-Meyer & Co. AG nach ihrem neuen Firmenleiter, der den »jüdischen Gewerbebetrieb« übernommen hatte, in »Robert Melchers & Co. AG« umbenannt. Im November 1943 vernichteten Bombenangriffe die Geschäftszentrale im Wedding zu 85 Prozent. Die Produktion war kurz zuvor nach Gransee ausgelagert worden.

Nach dem Ende des Zweiten Weltkrieges begann ein Neuanfang. Im Oktober 1945 beschloß der Vorstand, den alten Namen wiederaufzunehmen. Robert Melchers wurde von seinem Posten suspendiert. Der erste Hauptabnehmer der Firma war in der unmittelbaren Nachkriegszeit die »Rote Armee«. In Berlin-Lichtenberg wurde eine neue Fabrik errichtet. 1948 wurden die im Ostteil der Stadt liegenden Produktionsbetriebe und Filialen unter Zwangsverwaltung gestellt und später enteignet. Der wirtschaftliche Wiederaufstieg erfolgte nun in West-Berlin, in der alten Produktionsstätte im Bezirk Wedding. 1965 verfügte Meyer wieder über 120 Filialen in Berlin.

Im gleichen Jahr stiftete die Firma anläßlich ihres 75jährigen Jubiläums dem kurz zuvor eröffneten Berlin Museum eine umfangreiche Sammlung von Radierungen und Kupferstichen Daniel Chodowieckis. Auch in den folgenden Jahren unterstützte die Hermann Meyer & Co. KG. das Museum bei Ankäufen und Veranstaltungen. Anläßlich der hundertjährigen Jubiläumsfeier im März 1990 bot das Berlin Museum als Gegenleistung für jahrelange mäzenatische Unterstützung an, in der Weddinger Zentrale eine kleine Ausstellung zur Firmengeschichte zu organisieren. Die Volontärin des Museums, Frau Inka Bertz, wurde von mir gebeten, diese Arbeit durchzuführen. Es ist Frau Bertz nicht nur gelungen, eine umfangreiche Kollektion an Objekten, Fotos und Archivalien zusammenzutragen, sondern auch die Geschichte der Firma gewissenhaft zu erarbeiten. Die Ausstellung war jedoch nur in enger Zusammenarbeit mit dem Unternehmen und vielen seiner früheren und derzeitigen Mitarbeiter möglich, die vom alten Ladenfoto über den Werbekoffer mit Getränken bis hin zu persönlichen Mitteilungen und Dokumenten umfangreiches Material zusammentrugen. Ihnen gilt unser Dank ebenso wie der Geschäftsleitung, die nun die gesamte Kollektion dem Berlin Museum für seine Abteilung »Handel und Gewerbe« zur Verfügung stellte. Die inzwischen von Frau Bertz erarbeitete Untersuchung zur Geschichte einer typischen Berliner Firma konnte, wiederum durch die großzügige Unterstützung der Hermann Meyer & Co. KG., mit der vorliegenden Veröffentlichung abgeschlossen werden.

Daß Kunst und Kommerz gelegentlich beiderseits sinnvolle Verbindungen eingehen können, hat unsere Zusammenarbeit nachhaltig bewiesen. Alle verfügbaren Unterlagen wurden bereitwillig zur Verfügung gestellt, die Firma hat das schwierige Kapitel ihrer Geschichte unter dem Nationalsozialismus nie verschwiegen und sich auch anläßlich ihrer Jubiläumsfeier im März 1990 in kritischen Worten mit ihrer Vergangenheit auseinandergesetzt. Man wünschte sich bei manchem deutschen Unternehmen in Verbindung mit der eigenen Geschichte eine ähnlich vorbildliche Einstellung.

Mein abschließender Dank gilt vor allem dem Geschäftsführer, Herrn Klaus Würfl, ferner Herrn Jürg Ridder und Frau Inka Bertz, die ihr Volontariat am Museum mit dieser Arbeit abschließt.

Rolf Bothe

## 1.

# Das Spiritus- und Produkten- Kommissions- Geschäft

Am 29. Januar 1890 gibt der Beamte des Königlich Preußischen Amtsgerichts in Berlin zu Protokoll: »Es erschien der Kaufmann Hermann Meyer, geb. am 12. Januar 1846 zu Posen, hier Oranienburger Str. 23 Hof wohnhaft, u. erklärte: Ich übernehme die notarielle Gesellschaftsanmeldung vom 21. Januar 1890 und bitte dem daselbst gestellten Antrage Kraft zu geben. Der Gegenstand des Unternehmens ist ein Spiritus- und Producten-Kommissions-Geschäft, welches am heutigen [Tage] seinen Anfang nimmt. Ich zeige schriftlich an, daß ich meinen festen Wohnsitz am 1ten April nach hier verlege und augenblicklich hier Linienstr.

145 III wohne. Das Geschäftslokal befindet sich Oranienburger Str. 23, Hof.«

Eine Woche zuvor hatten Hermann Meyer, sein Schwager Max Warschauer und Louis Licht in Posen vereinbart, »unter der Firma Hermann Meyer & Co. mit Sitz in Berlin eine Kommanditgesellschaft (zu gründen), zu welcher wir uns in der Art verbunden haben, daß ich, Hermann Meyer, der persönlich haftende Gesellschafter, und wir, Louis Licht und Max Warschauer, die Kommanditisten sind. Meine, des Louis Licht, Vermögenseinlage beträgt 37 500 Mark und meine, des Max Warschauer, Vermögenseinlage gleichfalls 37 500 Mark. Posen, den 21. Januar 1890.«

Nachdem der Notar beglaubigt hatte, daß »die Kaufleute die obige Firmenzeichnung Hermann Meyer & Co. in meinem Beisein in geschäftsfä-

higem Zustande getätigt haben«, konnte Hermann Meyer sein Geschäft eröffnen.[1]

Wie haben wir uns die Hintergründe dieses Geschehens vorzustellen? Wie die meisten Berliner war auch Hermann Meyer ein »Zugereister«. Er kam aus der damaligen östlichen Provinz Preußens, aus Posen. In Berlin unterhielt er spätestens seit Mitte der 1870er Jahre ein »Getreide-Produkten- und Kommissions-Geschäft«.

Die Hoffnung auf bessere Aufstiegs- und Verdienstchancen wird bestimmt nicht der einzige Antrieb für Hermann Meyer gewesen sein, nach Berlin zu kommen. Seine Familie, so können wir annehmen, gehörte wohl dem Posener jüdischen Bürgertum an; immerhin konnte Max Warschauer dem Bruder seiner Frau mit dem Startkapital für ein neues Geschäft unter die Arme greifen und einen seiner Söhne studieren lassen. Der nationale Gegensatz zwischen Deutschen und Polen und der wachsende Antisemitismus hatten die Lage der Posener Juden, die »politisch und kulturell eine der Hauptstützen, vielfach die eigentlichen Bannerträger des Deutschtums«[2] waren, in diesen Jahrzehnten jedoch immer mehr erschwert. Vielen blieb kaum ein anderer Weg, als in die Großstadt abzuwandern. Hier ließ sich Hermann Meyer zunächst in der Oranienburger Straße nieder. Nicht weit stand die große Neue Synagoge, die Hauptsynagoge Berlins. Zahlreiche Einrichtungen der Jüdischen Gemeinde befanden sich im nahen Umkreis.

Ein großes Unternehmen scheint Hermann Meyers »Getreide-Produkten- und Kommissionsgeschäft« nicht gewesen zu sein. Er wickelte es in seiner Wohnung ab, was damals allerdings keine Seltenheit war. Zwischen 8 und 9 Uhr und 4 bis 7 Uhr empfing er dort seine Kundschaft, die Zeit dazwischen verbrachte er dann wohl

**Der Gründer der Firma, Hermann Meyer (1846–1913)**

**und seine Frau Rosa Meyer (1860–1933) um 1910**

Die Arbeiter und Angestellten von Hermann Meyer & Co., Usedomstraße 6 um 1893

an der nahe gelegenen Produkten-börse. Später firmierte er als »Getrei-de- und Bankgeschäft« und muß ver-sucht haben, seine Tätigkeit auf Aktien- und Geldgeschäfte auszudeh-nen. Um 1888 jedoch zog er sich wie-der auf das Geschäft des Getreide-maklers zurück.[3]

Dies war freilich eine Branche, in der zu dieser Zeit ein erheblicher Konzen-trationsprozeß im Gange war. Die in den letzten Jahrzehnten entstandene Mühlenindustrie verknüpfte sich immer stärker mit dem Getreidehandel und machte ihn wegen der nun benötigten großen Mengen immer kapitalintensi-

ver. So wich Hermann Meyer in eine Branche aus, in der diese Entwicklung weniger fortgeschritten war: die Spiri-tusindustrie.[4] Sein Getreidegeschäft in der Oranienburger Straße 22 führte er nebenbei noch bis 1896 wei-ter. Denn was die Handels- und Ver-teilungswege anging, waren die bei-den Produkte nicht weit voneinander entfernt. Das eine ließ sich mit dem anderen gut verbinden.

Wie das Getreide gehörte auch der aus Kartoffeln gewonnene Spiritus oder »Branntwein« zu den Produkten der Landwirtschaft. Per Schiff oder Eisenbahn kamen sie, meist aus dem

Norden und Osten, nach Berlin. Hier wurden sie in den Häfen gelagert und an der Produktenbörse verkauft, um dann in der Berliner Nahrungs- und Genußmittelindustrie, den Mühlen, Brauereien oder Konservenfabriken, weiterverarbeitet zu werden.

Bei der Beschreibung dieses Industrie-zweiges geriet ein Autor 1899 regel-recht ins Schwärmen: »Was der Land-mann dem Boden abgerungen, wird hier ein Rohprodukt der Industrie, dort wird das Ergebnis desselben ver-edelt, um dann als Objekt des Welt-handels den fernsten Zonen zugeführt zu werden. Man braucht nur den bunten, wechselreichen Bildern des Hafenverkehrs eine tiefe Aufmerksamkeit zu widmen, um hiervon eine lebensvolle Anschauung zu empfangen und in der industriellen Thätigkeit und dem Handel die bedeutungsvollsten Vermittler der fortschreitenden Kultur zu erkennen. So werden wir bei dem Anblick jener Kisten, die eben in

stellung der betreffenden Genußmittel verwandt wird.«[5]

Die Geschäfte Hermann Meyers gestalteten sich zunächst jedoch weniger poetisch. Etliche Male mußte er mit seiner Spiritus-Fabrik umziehen, bis er endlich 1896 in der Fruchtstraße 74 (heute Straße der Pariser

weitere Spritfabriken arbeiteten. Hermann Meyer teilte das Gebäude Nummer 20 mit einem Böttcher und einer Geflügelmastanstalt. Es ist anzunehmen, daß erst hier mit der eigentlichen Produktion begonnen wurde, denn lange Zeit wurde 1892 als das Gründungsjahr der Firma betrachtet.

Aber schon zwei Jahre später zog die Fabrik um in die Brunnenstraße 39. Beide Standorte erschienen wohl vor allem günstig wegen ihrer Nähe zu den Güterbahnhöfen der Nordbahn, die den Rohspiritus aus den Erzeugergebieten nach Berlin brachte. Die Fabrik in der Fruchtstraße, die Hermann Meyer 1896 bezog, lag nicht minder vorteilhaft in der Nähe des Ostbahnhofs. Die Tatsache, daß er eine ehemalige chemische Fabrik bezog, deutet auf die damals noch enge Verwandtschaft der spiritusverarbeitenden Industrie mit der chemischen Industrie hin. Auch für Hermann Meyers Betrieb scheinen chemische Produktionszweige, wie die Denaturierung und die Herstellung von festem Brennspiritus, noch eine große Rolle gespielt zu haben. Später sollte seine Firma sogar eine Parfüm-Abteilung bekommen.

Firmiert er 1892 noch als »Getreide, Spiritus, Likör, Weinverkauf und Produkten-Kommissions-Geschäft« mit einer separaten »Brennspiritusfabrik (Denaturierungsanstalt)« so hat er sein Geschäft vier Jahre später zur »Spiritus-Fabrik für Brenn- und gewerbliche Zwecke, Großdestillation und Fruchtsaftpresserei, Groß-Weinhandlung, Cognac- und Essenzenfabrik« erweitert. Mit Fruchtsaftpresserei und Weinhandlung hat er sich hier bereits einen großen Schritt hin zur späteren Getränke- und Lebensmittelfirma entwickelt. Dennoch sollte der »non-food-Bereich«, um es modern zu sagen, bei Meyer noch etliche Jahre lang eine wichtige Rolle spielen. Das hing nicht zuletzt

Nr. 17633. M. 1461. Hermann Meyer & Co., Berlin O., Fruchtstr. 74. Anmeldung vom 24. 3. 96. Eintragung am 29. 6. 96.
Geschäftsbetrieb: Großdestillation, Likörfabrik, Fruchtsäfte- und Spiritushandlung.
Waarenverzeichniß: Likör.

die weiten Räume eines Frachtdampfers gelangen, und die, wie wir vernehmen, spirituose Getränke bergen, an die Wirksamkeit des Ackerbauers gemahnt. Denn wir schauen im Geiste, wie aus den Früchten seines Fleißes in den Werkstätten der Brennerei der Spiritus erzielt, wie dieser alsdann in dem Betriebe der Spiritusfabrikation geläutert und schließlich in anderen Schaffensräumen zur Dar-

Kommune) in der ehemaligen Chemischen Fabrik von Dr. Gurdes ein passendes Domizil fand. Zuvor hatte er seine Fabrik 1892 in die Usedomstraße verlegt. Dort befand sich eine Art Gewerbehof der Berliner Lagerhofgesellschaft, auf dem neben der Berliner Omnibus- und Paketfahrt unter anderem die Kunstbutterfabrik Bürrmann, die Brauerei Germania, die Likörfabrik Kantorowicz und zwei

Die Meyer-Filiale
Oranienburger
Straße 24. Zwei
Häuser weiter
wurde die Firma
gegründet.
Um 1903

mit der allgemeinen wirtschaftlichen Lage der Spiritusindustrie zusammen[6], in der es, als Hermann Meyer sein Geschäft gründete, noch einen freien Markt gab. Die Preise für Rohspiritus schwankten stark, was bei der herrschenden Überproduktion meist zugunsten der Abnehmer ausfiel. Eine gute Ausgangslage also für einen spiritusverarbeitenden Betrieb. 1899 jedoch vereinigten sich die »Schnapsjunker«, wie Friedrich Engels sie nannte, zur Zentrale für Spiritusverwertung; sie schlossen die freien Spiritusbörsen aus und legten die Preise fest. Vor allem die Preise für Trinkbranntwein zogen daraufhin kräftig an. Die Destillateure und die spritverarbeitende Industrie mußten darin »eine erhebliche Gefahr für ihre fernere Existenzfähigkeit erblicken«.[7] Meyer konnte den Preisanstieg des Trinkbranntweines vielleicht noch abdämpfen, da die Zentrale die Verarbeitung von Spiritus zu gewerblichen Zwecken durch niedrige Preise förderte.

Mit dieser Preispolitik sollte dem Problem der Überproduktion begegnet werden, ohne die Preise zu sehr verfallen zu lassen. Der technische Spiritus fand in unzähligen Bereichen Anwendung: als Brennstoff und Beleuchtungsmittel, bei der Herstellung der Fäden für elektrische Lampen, in der chemischen Industrie als Lösungsmittel vor allem für die Farbenherstellung, als Hilfsmittel in der Photographie, bei der Luxus-Papier-

Herstellung und für die Gewinnung von Duft-Essenzen aus den bei der Rektifizierung anfallenden höherwertigen Alkoholen.

Angesichts dieser Monopolpolitik dehnte Hermann Meyer seine Produktion auf nichtalkoholische Getränke und auf solche, die nicht von der Zentrale kontrolliert wurden, wie etwa Wein, aus. Diese Erweiterung seines Betriebes lag ohnehin nahe, konnte er doch so seine Anlagen, eine Abfüllmaschine etwa, wesentlich rentabler arbeiten lassen.

Dennoch war die Lage schwierig: »Die billigen sogenannten Stapel-Liköre« – eben diese stellte Hermann Meyer vor allem her – lassen »dem Fabrikanten kaum noch einen Nutzen«, klagte der Verein Berliner Kaufleute und Industrieller 1899. »Der Groß-Destillateur ist dadurch gezwungen, sich in zunehmendem Maße mit seinen Fabrikaten direkt an das konsumierende Publikum zu wenden.«[8] Hermann Meyer war bereits dabei, dies zu tun. Er hatte dafür eine sehr moderne Idee aufgegriffen: die der Filial-Geschäfte. Als die anderen noch stöhnten, wandte sich Hermann Meyer bereits in 250 »Niederlagen« direkt an das »konsumierende Publikum«. Dieses Filialsystem war es auch, was seinem Unternehmen in dieser und den noch kommenden Krisen die sichere Basis gab und es von finanziellen »Niederlagen« verschonte.

**Hermann Meyers
Sauerstoffwasser.
Flaschenetikett
1898**

1 Eintragung ins Handelsregister, Fotoreproduktion im Berlin Museum, Original verschollen. Bei der Eintragung müssen Fehler unterlaufen sein: zur Wohnadresse widersprechen sich die Angaben, und auch das Geschäftslokal befand sich wohl nicht Oranienburger Straße 23 sondern Nummer 22. Diese Vermutung ergibt sich aus dem Zurückverfolgen der Eintragungen in den Adressbüchern.
2 *Jüdisches Lexikon. Ein enzyklopädisches Handbuch des jüdischen Wissens in vier Bänden,* Berlin 1927, Bd. IV/1, S.105.
3 *Adressbuch der Stadt Berlin,* Jahrgänge 1868–1890.
4 Spiritus (auch Sprit) ist der meist aus Kartof-

feln hergestellte »Branntwein«. Der Rohspiritus wird durch Rektifizierung von Fuselölen und anderen Giftstoffen befreit und gelangt entsprechend seinem Reinheitsgrad zur weiteren Verarbeitung.
5 Paul Hirschfeld, *Berlins Groß-Industrie,* hrsg. v.R. Jannasch, Berlin 1899, S.377.
6 Zur Spiritusindustrie: *Handwörterbuch der Staatswissenschaften,* hrsg. v. L. Elster, A. Weber, F. Wieser, 4. Aufl., Jena 1926, Bd. VII, S.713–724.
7 Verein Berliner Kaufleute und Industrieller, *Jahresbericht 1899,* S.56.
8 ebd., S.57.

## 2.

# Die Meyer-Filialen oder die Industrialisierung des Vertriebs

Hermann Meyer hatte hier die industrielle Herstellung seiner Produkte konsequent weitergedacht und auch ihre Verteilung »industrialisiert«: Die Filialen, die überall in der Stadt entstanden, folgten mit ihrem immer gleichen Erscheinungsbild – rote Schilder mit weißer Schrift – und ihrer schieren Masse selbst dem Gesetz der industriellen Serie. Und natürlich taten dies auch die dort feilgebotenen Waren. In industriell im neuen Preßverfahren hergestellten Flaschen wurden sie fabrikmäßig abgefüllt und mit dem Marken-Etikett der Firma versehen verkauft. Welche Vorteile dies gegenüber dem sonst üblichen »losen« Verkauf durch die »Destillen« brachte, beschrieb Gustav Stresemann am Beispiel des Bieres: »Die Gründe, welche von dem

Abzuge des Bieres auf Flaschen zum Verkauf über die Straße und weiterhin zum Liefergeschäft führen, sind zum Teil durch die Natur des Aufbewahrungsgefäßes gegeben. Dieselbe ermöglicht eine längere Haltbarkeit des Flaschenbieres und macht dadurch den Bezug größerer Quantitäten überhaupt möglich; die bequeme Form der Flaschen erleichtert die nötige Aufbewahrung. (…) Die Etikettierung der Flaschen gestat-

**Der Patent-verschluß**

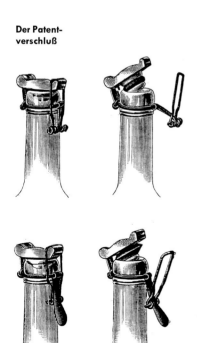

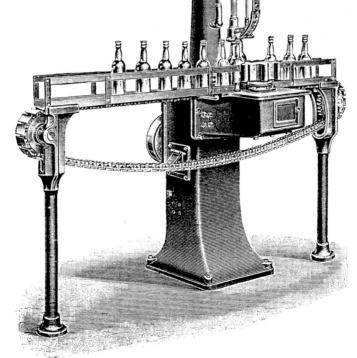

**Kronenkork-maschine mit mechanischer Flaschenzuführung**

**Herr und Frau Stoltzenberg vor ihrer Meyer-Filiale in der Landsberger Allee, Berlin-Mitte um 1919**

tet dem Biertrinker eine Kontrolle über Herkunft des Bieres (...). Vor allem aber kommt die Bequemlichkeit der Zustellung in Betracht. Der Flaschenbierhändler oder die Brauerei liefert bereitwilligst die Flaschen ohne Pfand und drängt nicht auf sofortige Wiedergabe. Man ist nicht an das Bier des in der Nachbarschaft wohnenden Gastwirtes gebunden, sondern kann es dort bestellen, wo es einem beliebt. Die Entfernung kommt nicht in Betracht, da eine schriftliche oder telefonische Bestellung genügt, um in kurzer Zeit das Bier im Hause zu haben. Hauptsächlich fällt ins Gewicht, dass durch diese Zustellung

das Lästige des Bierholens an sich vermieden wird. Den Frauen oder erwachsenen Töchtern war das Selbsteinholen des Bieres oft unbequem oder direkt peinlich, namentlich, wenn kein Kolonialwarengeschäft in der Nähe war und das Bier infolgedessen aus einer benachbarten Gastwirtschaft oder Restauration geholt werden mußte. Es ist nicht übertrieben, wenn man behauptet, daß durch die Zusendung des Bieres in Verbindung mit der ebenfalls üblich gewordenen Zustellung anderer Genußmittel manche Familien mit bescheidenem Einkommen einen Dienstboten sparen.«[1]

Meyers Filialsystem kam diesen Bedürfnissen entgegen. Und es war eine Reaktion auf die Entwicklung Berlins. Spätestens seit 1900 verlagerten sich nämlich die Wohngebiete — und damit auch die Einkaufsgebiete für den täglichen Bedarf — von der Innenstadt auf die Außenbezirke. Meyers Filialsystem konnte sich besser als jede andere Geschäftsform der Ausdehnung der Stadt anpassen und seiner potentiellen Kundschaft in die expandierenden Vororte nachfolgen.

Die soziale Situation der Berliner hatte nicht weniger zur Durchsetzung

dieses Systems beigetragen. In einer Zeit, als Wohnungsnot herrschte und der Lohn der Väter zum Leben oft nicht reichte, war eine Meyer-Filiale für manche Familie eine zusätzliche Existenzsicherung. Die Familie konnte mietfrei wohnen, die Frau betrieb den Laden als Nebenerwerb und konnte so etwa 30 Mark plus einer kleinen Provision dazuverdienen, ohne das Haus zur Arbeit verlassen zu müssen. Ein Luxus war es freilich nicht. Die Läden befanden sich meist im Souterrain der Mietskasernenhäuser, mit einem, seltener zwei Zimmern dahinter als Wohnung.

Spätestens seit der Umwandlung des Unternehmens in eine Aktiengesellschaft im Jahr 1907 wurde der Vertrieb über verschiedene Tochterfirmen abgewickelt, unter denen die Läden offiziell firmierten: der Südlichen, Westlichen und Östlichen Wein- und Likörgesellschaft GmbH, der Wein- und Spirituosen GmbH und der Berliner Weingesellschaft GmbH.
Bis zum Beginn des Ersten Weltkrieges konnte Meyers Filialsystem immer weiter ausgebaut werden: von 250 Filialen um 1898 auf 350 um 1905; 1908 waren es bereits um die 450. Nach dem Ersten Weltkrieg wurden auch außerhalb Berlins Meyer-Filia-

len eröffnet. 1924 zählte das Unternehmen annähernd 560 und 1930 etwa 600 Verkaufsstellen, davon etwa 500 in Groß-Berlin und 100 in der Provinz. 1937 übernahm Meyer mit der Weinhandlung Sello weitere 30 Filialen in Berlin. Erst nach dem Zweiten Weltkrieg und der Teilung der Stadt, durch die Rationalisierung und den Konzentrationsprozeß in Lebensmittel-Industrie und -Einzelhandel sollten sich die Verhältnisse grundlegend ändern.

1  Gustav Stresemann, *Die Entwicklung des Berliner Flaschenbiergeschäfts. Eine wirtschaftliche Studie,* Phil.Diss. Leipzig 1900, Druck Berlin o.J., S.2f.

**Die Belieferung einer Meyer-Filiale um 1910**

Die Filiale von Frau
Wiegandt in der
Anklamer Straße
um 1903

Die Filiale von Frau
Assig in der
Türrschmidtstraße,
Lichtenberg
um 1914

Familie Reich vor
ihrer Filiale in der
Oranienburger
Straße, Berlin Mitte
um 1910

Die Filiale von Frau
Moldenhauer in der
Kronprinzenstraße,
Potsdam
um 1923

## 3.

# Wattstraße 11–12. Meyer im Weddinger Industriegebiet

Doch davon später, wir sind noch am Anfang des Jahrhunderts: 1902 kehrte Hermann Meyer mit seiner Firma in die Gegend zwischen den Güterbahnhöfen der Nordbahn zurück. Nach den Gewerbehöfen mit Kleinindustrie siedelten sich in diesem Gebiet südlich der Brunnenstraße seit Mitte der 1890er Jahre größere Betriebe an. An erster Stelle ist dabei die AEG zu nennen, die 1895 begonnen hatte, den der Fabrik von Hermann Meyer benachbarten Block zwischen der Hussiten- und der späteren Voltastraße zu erschließen. 1896 errichtete sie an der Brunnenstraße ihre Verwaltungsgebäude mit dem Beamteneingang von Franz Schwechten. 1910–1913 folgte die Kleinmotorenfabrik von Peter Behrens an der Voltastraße.[1] Während dort »High-Tech«

produziert wurde, vollzog sich nebenan bei Meyer die auf den ersten Blick unspektakuläre Industrialisierung der Ernährung.

Auf dem ausgedehnten Areal der Grundstücke Wattstraße 11–12 und Usedomstraße 7, letzteres umfaßte das gesamte Innere des Blocks bis zur Voltastraße 45–46, ließ Meyer 1900–1901 die Fabrikgebäude errichten, in der die Firma während der kommenden 75 Jahre arbeiten sollte. An den drei Rändern des Blocks befanden sich jeweils ein Wohnhaus und im Innern das Fabrikgebäude. Unter allen Gebäuden und auch unter den Höfen befanden sich große Lagerkeller.
Ebenso wie das Firmengelände der AEG hatte sich auch der Block zwischen Brunnen-, Volta, Usedomer- und Wattstraße von Norden, von der Brunnenstraße her, entwickelt. Um 1890 waren an der Usedom- und der späteren Voltastraße die ersten Wohnhäuser entstanden. Im Inneren des Blocks befanden sich die Schuppen der Berliner Lagerhaus A.G., in

denen Meyer einige Jahre zuvor seine Spiritus-Fabrik gehabt hatte, und zur Wattstraße hin Lagerplätze für Kohlen und dergleichen.[2] 1895 begann sich die Große Berliner Omnibus A.G. weiter auszudehnen und die Schuppen auf dem Grundstück Usedomstraße 6/Voltastraße 47–48 (später 28–29) zu Pferdeställen umzubauen. 1912 hatte aber auch deren Konjunktur ein Ende, und die Schuppen wurden erneut umgebaut, diesmal zu Verkaufs- und Lagerräumen, die vielleicht auch von Meyer genutzt wurden. 1922 erwarb Meyer diesen nördlicher gelegenen Blockabschnitt dazu und vermietete die Gebäude an die Essig- und Konservenfirma Kühne weiter. Bis auf kleinere Umbauten, sollte dies der Zustand der Gebäude bis zu ihrer Zerstörung im November 1943 bleiben.[3]

Die Errichtung der neuen Fabrikgebäude bedeutete für Meyer nicht nur eine erhebliche Vergrößerung, sondern auch eine qualitative Verbesserung seines Betriebes. Er konnte ihn nun um Produktionszweige erweitern und die vorhandenen sinnvoll ergänzen. 1907 umfaßte das Unternehmen bereits »Fabrikation von Likören und Handel mit denaturiertem Spiritus; auch Herstellung von festem Spiritus, Obstverwertung aller Art; Mineralwasser-Fabrikation; Fabrikation von kosmetischen- und Parfüm-Präparaten; Fabrikation von Schaumweinen und Fruchtschaumweinen; Weinhandel«.[4]

Maschinen und Rohstoffe konnten durch diese Verbindung verschiedener Spezialbetriebe optimal ausgenutzt werden: Die Kohlensäure-Anlage diente zur Herstellung von Mineralwasser ebenso wie von Schaumwein und Fruchtschaumwein. Das angelieferte Obst wurde zu Fruchtsaft, Fruchtwein, Obstkonserven und Marmelade weiterverarbeitet. Auch der Rohstoff Spiritus wurde vielfältig

SPARBUCH
UND
Haushaltungsbuch

Hermann Meyer & Co.
Aktien-Gesellschaft

BERLIN N.
Wattstrasse 11-12.

Jhren Geschäftsfreunden
gewidmet.

Haushaltsbuch mit
Kalender und
Rabattmarken-
Sammelheft
1911

**Ein Blick in Meyers Fabrik: Die Destillationsanlage 1925**

**Die Kelleranlagen mit einem Teil der Abfüll-Abteilung 1925**

**Der erste Hof des Fabrikgeländes mit den für die Auslieferung bereitstehenden Pferdefuhrwerken 1925**

genutzt: zu Brennspiritus denaturiert, als Lösungsmittel in kosmetischen Präparaten bis hin zur Fabrikation von Essenzen und deren Verwendung zur Likörherstellung.

Meyer tat diesen Schritt zum Großbetrieb der Nahrungs- und Genußmittelbranche zu einer Zeit, als die Industrialisierung selbst so alltägliche Dinge wie Essen und Trinken zu durchdringen begann. Das ungeheure Wachstum der Stadt erforderte eine neue Organisation der Beschaffung, Verteilung und Kontrolle. Die Versorgung der Stadtbevölkerung mit Nahrungsmitteln wurde zentral organisiert und von den Gesundheitsbehörden überwacht: Markthallen, Schlachthäuser und Lebensmittel-Untersuchungsämter wurden eingerichtet. In Brauereien, Mühlen, Margarine- und Schokoladenfabriken, Zukkerraffinerien, Kaffeeröstereien oder Großbäckereien vollzog sich der Übergang vom Lebensmittelhandwerk zur Lebensmittelindustrie. Steril abgefüllte Milch, das Flaschenbier oder die Konserven kamen auf und haben unsere Konsumgewohnheiten bis heute geprägt. Mit diesen neuen Vertriebsformen gingen auch neue Formen des Handels einher: Versandgeschäfte, Warenhäuser und Filialketten lösten das einzelne, spezialisierte Ladengeschäft, in dem alle Waren gleichzeitig hergestellt und verkauft wurden, ab.

1 *Berlin: Von der Residenzstadt zur Industriemetropole*, Band II, *Kompaß*, hrsg. im Auftrag des Präsidenten der Technischen Universität Berlin von Karl Schwarz, Berlin 1981, S.155ff.
2 Landesarchiv Berlin, Rep. 203, Acc. 705, Nrn. 4424–4428; Rep. 203, Acc. 1229, Nr. 5451; Rep. 203, Acc. 3312, Nr. 9771; *Adressbuch der Stadt Berlin,* Jahrgänge 1890–1902.
3 Landesarchiv Berlin, Rep. 203, Acc. 705, Nrn. 4556, 4557–4559; *Handbuch der deutschen Aktiengesellschaften 30* (1925) Bd. 1, S. 2190f.
4 *Handbuch der deutschen Aktiengesellschaften 13* (1907/8) Bd. 2, S. 1645f.

# 4.

# Der Streit um den Fabrikwein

Wie in anderen Bereichen, so ging auch bei der Industrialisierung unserer Nahrungsmittelversorgung die Festlegung von »Reinheitsgeboten« und Qualitätsstandards, wie sie heute durch das Lebensmittelgesetz verbindlich sind, keinesfalls ohne Konflikte vor sich. Die neuesten Erkenntnisse der Chemie wurden von dem neuen Industriezweig umgesetzt, aber schon regten sich Mißtrauen und Kritik – und die war auch aus heutiger Sicht nicht immer unberechtigt: »Die Resultate der Wissenschaft sind – wie so oft – zu einem zweischneidigen Schwert geworden. Dieses Schwert schlägt häufig umso unheilvollere Wunden, als seine gefährliche Schneide einmal nicht selten in unsauberen oder gewinnsüchtigen Händen liegt, zum anderen die Nachfrage nach den wichtigsten und der Verfälschung am leichtesten ausgesetzten Nahrungsmitteln häufig das Angebot übersteigt und zum Betruge reizt!«[1]

**Zwei Kostgläser für Destillateure**

**»Es steht wohl außer Zweifel, daß der Geschmack des gleichen Weinbrandes ein vollkommen anderer ist, je nachdem, ob man ihn aus einem zierlichen Likörglas oder einem plumpen Bierglas oder gar aus einer Kaffeetasse trinkt. Will man diese Faktoren ausschalten, so ist es notwendig, bei allen Geschmacksprüfungen das gleiche Glas zu benutzen.«**

Wir sollten den Kritikern von damals dankbar sein, denn um die hohen hygienischen Anforderungen oder den relativ weitgehenden Schutz vor »Verfälschungen«, den das Lebensmittelgesetz und die behördliche Kontrolle heute bieten, haben sie harte Auseinandersetzungen führen müssen.

Auch für die Produkte, die Meyer herstellte, wurden seit 1890 eine Vielzahl von neuen Vorschriften erlassen. Um das Weingesetz beispielsweise wurde lange gekämpft. Nicht immer nur mit gesundheitlichen Argumenten. Seit der Wein nicht mehr nur aus den urigen Kellern der gemütlichen Weindörfer kam, war für so manch einen die Welt nicht mehr in Ordnung. »Der Fabrikwein hat außer Kopf- und Leibschmerz noch nichts erzeugt als

reiche Fabrikanten und keine Dichter.« »Der Gott der Trauben wachsen ließ, der wollte keinen Kunstwein.« Kunstwein sei wie »Bancos Geist: Sein Erscheinen läßt jeden an der Tafel erstarren.« So spottete Julius Stettenheim 1894.[2] Hinter seiner Persiflage läßt sich der Abnehmerkreis jener Fabrikate erahnen: Er bestand offenbar nicht aus denen, die, wie Stettenheim, vaterländische Lieder sangen, Shakespeare lasen und mit ihm über seine anspielungsreichen Späßchen lachen konnten oder die sich beim Weintrinken selbst gar ein wenig als Dichter fühlen wollten. Aber wie der Titel seines Buches – »Sauer macht lustig. Ein Körbchen aus der Weinfabrik« – vermuten läßt, war auch für Stettenheim und seine Zechkumpanen nur ein süßer Wein ein guter Wein. Die neuen Konsumentenkreise aus den weinentwöhnten Gegenden Norddeutschlands sollten diese Vorliebe auch während der nächsten hundert Jahre noch beibehalten und leichte Opfer für Weinfälscher bleiben. Schneller als der Geschmack veränderten sich die

**Destillierapparat zur Herstellung von Kräuterauszügen**

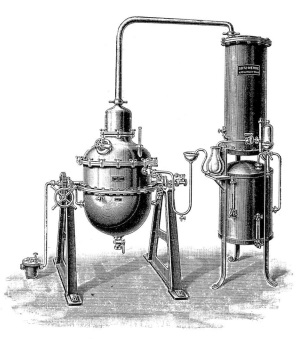

Zusatzstoffe. Auch die damaligen entsprachen ihrer Zeit: »Aus Wasser, Kartoffeln, Gerstenmalz, Rohrzucker, Hefe, Weinsäure, Weingeist, Hollunderblüte, Tannin, Weinstein, Rosinen, Kino-Gummi, Schlehen, Malven-Blüten, Veilchenwurzeln, Himbeersaft, Hopfen, Tamarinden, Melassensyrup, Glyzerin, Oenanäther, jungen Rebenblättern, Ranken und Gipfeltrieben u.A.m. werden, wie F.I. Dochnal in Neustadt a.d. Hardt in seinen Recepten mitteilt, Hunderte verschiedene Weine ohne einen Tropfen Naturwein fabricirt; unedle Landweine werden durch Zusätze von Gewürzen, Essenzen und häufig auch giftigen Farbstoffen der Zunge und dem Auge angenehm gemacht.«[3]

Andere Vorschriften, etwa die über die Deklarierung der Weine, wurden ebenfalls verglichen mit heute äußerst lax gehandhabt: »Das Schlimmste beim Wein ist der Etikettenschwindel, den man selbst bei angesehenen Firmen findet, nämlich die Bemerkung in der Preisliste ›Das Etikett bezeichnet nicht den Herkunftsort des Weines, sondern nur,daß der Inhalt der Flasche den Charakter der betreffenden Lage hat.‹ Damit ist dem Betrug Tür und Tor geöffnet, und es erklärt sich, daß wir im kleinsten Gasthof billigen ›Rüdesheimer‹ finden, wo doch die Rüdesheimer Durchschnittskredenz nicht einmal für die dortige Schaumweinproduktion reicht! Das Weingesetz ist noch zu jung; wir müssen erst eine Regelung der Auslegung desselben durch die Gerichte sowie seiner Ausführungsbestimmungen und der Sachverständigenäußerungen abwarten. Viel ist jedoch hier zu tun, und mit Schärfe muß vorgegangen werden.«[4]

Es sollte einige Jahre dauern, bis sich die neuen gesetzlichen Regelungen eingespielt hatten, wie etwa das 1909 erlassene Weingesetz. Kontrolliert wurde dessen Einhaltung von der Nahrungsmittelpolizei. Das 1896 gegründete Kaiserliche Gesundheitsamt hatte die Aufgabe, im Sinne des Gemeinwohls zwischen dem Interesse der öffentlichen Gesundheit und dem der Industrie Regelungen zu finden.

**Rüttelpult für die Flaschengärung von Sekt.** Um den Bodensatz, der sich bei der Gärung bildet, möglichst direkt unterhalb des Flaschenkorkens zu erhalten, werden die Flaschen schräg gelegt und regelmäßig gedreht.

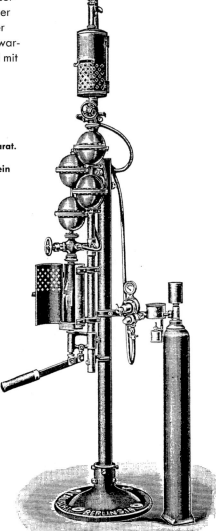

**Kohlensäure-Inprägnierapparat.** Durch Imprägnierung von Wein mit Kohlensäure wird künstlicher Schaumwein hergestellt.

Nachdem es um 1900 auch schon die ersten Lebensmittelskandale gegeben hatte, war die Skepsis der Verbraucher gewachsen. Daher gewann die Industrie selbst bald ein Interesse an der Einhaltung der Qualitätsrichtlinien, nicht zuletzt um sich selbst vor unlauterer Konkurrenz mit minderwertigen Produkten zu schützen. Hermann Meyer beispielsweise warb 1911 für seine Weine mit dem Zusatz »streng nach dem Weingesetz«. Daß bestimmte Markenzeichen zur Qualitätsgarantie wurden, hat hier seinen Ursprung. »Waren die ausführenden Organe der staatlichen Gesundheitsfürsorge und die Nahrungsmittelfabrikanten in der Frühphase der staatlichen Lebensmittelkontrolle zum Teil erbitterte Gegner, so näherten sich ihre Standpunkte in vielen Fragen zunehmend an. Man erkannte bald,

daß die Nahrungsmittelkontrolle und die Lebensmittelindustrie eigentlich gleiche Ziele verfolgen mußten, nämlich die Sicherstellung sowohl der quantitativen als auch gerade der qualitativen Versorgung der Bevölkerung mit Lebensmitteln.«[5]

1   Max Bauer, *Die Verfälschung der Nahrungsmittel in großen Städten – speciell: Berlin – und die Abhülfe dagegen vom gesetzlichen, gesundheitlichen und practischen Gesichtspunkte,* Berlin 1877, S. 2.
2   Julius Stettenheim, *Sauer macht lustig. Ein Körbchen aus der Weinfabrik,* Berlin 1894, S. 10–13.
3   Bauer, a.a.O., S. 14.
4   Richard Gollmer (Hg.), *Die vornehme Gastlichkeit der Neuzeit. Ein Handbuch der modernen Geselligkeit, Tafeldekoration und Kücheneinrichtung,* Leipzig 1909, S. 92.
5   Karl-Peter Ellerbrock, Lebensmittelqualität vor dem Ersten Weltkrieg. Industrielle Produktion und staatliche Gesundheitspolitik, in: *Durchbruch zum modernen Massenkonsum,* H.J. Teuteberg (Hg.), Münster 1987, S. 127–188, hier: S. 187.

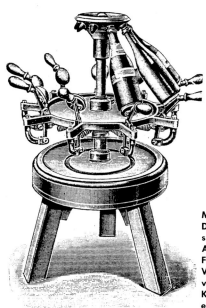

**Mousseuxschützer. Der Mousseuxschützer dient zum Abstellen der Flaschen vor dem Verkorken und verhindert, daß die Kohlensäure entweicht.**

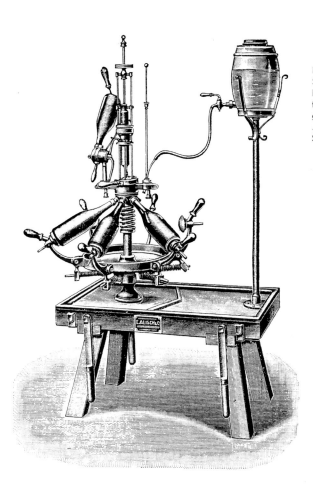

**Dosator für Schaumwein. Der Apparat sorgt für die gleichmäßige Abfüllung des Sekts.**

**Agraffiermaschine. Die Schaumweinkorken werden hier mit Draht-Agraffen zum Halten angebracht.**

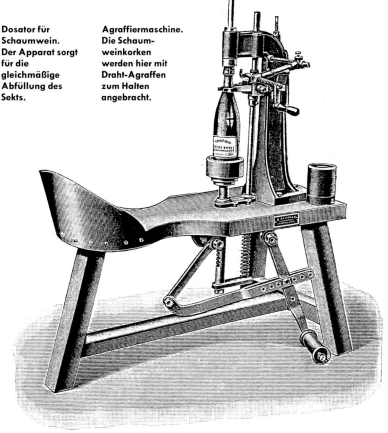

## 5.

# Kaisertreue und Junkertrotz

Politik und Konsum, meist hieß das: Konsumverzicht, hingen schon damals eng zusammen. Originalton Meyer 1896: »Wir stehen in der Fabrikation feinster Liqueure nicht im mindesten hinter Frankreich und Holland zurück; leider herrscht aber das Vorurteil noch vielfach, dass alles dasjenige besser sei, was aus dem Auslande kommt.« »Das von den Liqueuren Gesagte gilt in noch höherem Maße von Cognac. Wenn die Flaschen nur ein französisches Etikett und irgend eine mehr oder weniger bekannte französische Firma tragen, wird ein ganz aussergewöhnlicher Preis bezahlt. Unsre Cognac-Fabrikation ist aber in Deutschland auf solcher Höhe, dass die an Frankreich gezahlten Millionen für diesen Artikel einen Nationalverlußt darstellen. Unsre deutschen Original-Cognacs halten jede Konkurrenz mit dem viel teureren französischen aus. Auch die von uns geführten franz. Cognacs sind bei gleicher Qualität wesentlich billiger als die andrer französischer Firmen, welche sich lediglich ihren durch Reklame bekannt gewordenen Namen bezahlen lassen.«[1]

Der Konsum einheimischer Ware wurde zur nationalen Sache. So kam es, daß schließlich Meyers deutscher französischer Cognac besser war als der französische französische Cognac. 1911 brachte Meyer ein Mineralwasser unter dem schneidigen Namen »Donnerwetter tadellos« auf den Markt. Deutsche Geistesheroen prangten von seinen Sammelbildchen: Martin Luther, Walter von der Vogelweide, Paul Gerhardt, Friedrich Schiller. Für besondere Anlässe waren Meyers Liköre in Zierkrügen aus Majolika erhältlich – denn auch der Kaiser hatte ja bekanntlich eine besondere Vorliebe für Majolika.

Dieser Appell an den Patriotismus der Kundschaft war in diesen Zeiten des ständigen Säbelrasselns allgemein beliebt. Die Zigaretten hießen »Kaiser Wilhelm« oder »Fürst Bismarck«, und sie zu rauchen war ein Bekenntnis.

An diese politische Bedeutung der Zigarette knüpfte auch Meyer an. 1909 nahm er sie in sein Sortiment auf und reagierte damit auf die aktuellen politischen Auseinandersetzungen. Der Name der neuen Marke: »Junkertrotz«. Am 27. Juli 1909 meldete er sie als Warenzeichen an.[2] Zu dieser Zeit erhitzte die Alkoholfrage gerade wieder die Gemüter. Der Parteitag der SPD stand kurz bevor, der Schnapsboykott lag bereits in der Luft. So wollte Meyer sich seine Arbeiter-Kundschaft erhalten, indem er ihr eine neue programmatische Zigarettenmarke als Ersatz-Genußmittel anbot. Was war passiert?

Der Reichstag hatte eine Erhöhung der Konsumsteuern, anstelle der von der SPD geforderten Anhebung der Erbschaftssteuer, beschlossen. Damit war für die SPD klar, daß die zur Aufrüstung benötigten Steueränderungen zu Lasten des »kleinen Mannes« gehen sollten. Um ihre politische Macht, die sie im Reichstag aufgrund des Zensuswahlrechtes nicht hatte, zu demonstrieren und um die »Junker« und »Militärs«, die bei den Steuererhöhungen ungeschoren davongekommen waren, ökonomisch zu treffen, beschloß sie auf ihrem Parteitag im September 1909 den Schnapsboykott. Denn die Landgüter der ostelbischen »Junker« waren die Hauptlieferanten für Rohspiritus.[3] Auf den leichten, sandigen Böden des deutschen Ostens, auf denen außer Kartoffeln kaum etwas gedieh, hatte die Spritfabrikation in der ersten Hälfte des 19. Jahrhunderts einen festen Platz im landwirtschaftlichen Kreislauf gewonnen. Die bei der Destillation anfallende Schlempe wurde als Futtermittel

Eine
Sammelbilder-Serie
von Hermann
Meyer & Co. mit
deutschen Dichtern
und Denkern
um 1905

verwendet, was Viehhaltung ermöglichte, die wiederum natürlichen Dünger für die mageren Böden brachte. Der Boykottaufruf entsprach ganz der Analyse Friedrich Engels' über die der Kern Preußens ein Land von etwa 2000 Köpfen auf die Quadratmeile geblieben, unfähig in der Geschichte weiterhin eine Rolle zu spielen, weder im Guten noch im Schlechten, bis die

# Wer Schnaps trinkt

zahlt freiwillig Steuern,
füllt Junkersäckel,
ruiniert seinen Körper,
zerstört seine Familie,
verblödet seine Nachkommen,
hilft Irrenhäuser füllen.

Das „Berliner Tageblatt" schreibt am 14. Juni: „Eine wahre Kulturtat war es, als der Leipziger Parteitag der Sozialdemokratie im September 1909 allen Parteigenossen und Arbeitern den Schnapsboykott empfahl. Die Wirkung stellte der Disziplin der deutschen Arbeiterschaft ein glänzendes Zeugnis aus."

# :: Ein organisierter Arbeiter ::
# trinkt keinen Tropfen Schnaps!

**Ein Aufruf zum Schnapsboykott 1909**

preußische Spirituswirtschaft: »Die Brennerei zeigt sich als die eigentliche materielle Grundlage des gegenwärtigen Preußens. Ohne sie müßte das preußische Junkertum zugrunde gehen; (…) Ohne sie wäre bürgerliche Industrie sich hinreichend entwickelt, um auch hier die gesellschaftlich vielleicht politische Leitung zu übernehmen.« »Kurz, wenn Preußen in den Stand gesetzt wurde, die 1815 verschluckten ostelbischen Brokken einigermaßen zu verdauen, 1848 die Revolution in Berlin zu erdrücken, 1849 trotz der rheinisch-westphälischen Aufstände an die Spitze der deutschen Reaction zu treten, 1866 den Krieg mit Oesterreich durchzuführen und 1871 ganz Kleindeutschland unter die Führung dieses zurückgebliebensten, stabilsten, ungebildetsten, noch halbfeudalen Theils von Deutschland zu bringen, wem verdankt es das? Der Schnapsbrennerei.«» Mit dem Sturz der Branntweinbrennerei stürzt der preußische Militarismus, und ohne ihn ist Preußen Nichts.«[4]

Das Jahr 1909 mit dem Schnapsboykott markiert einen Wendepunkt in der Statistik des Alkoholkonsums. Zwischen 1890 und 1909 lag der Pro-Kopf-Verbrauch, in absolutem Alkohol gerechnet, in Deutschland zwischen 9 und 9,5 Litern. 1910 fiel die Ziffer auf 7,29 Liter und nahm von nun an, mit leichten Schwankungen, kontinuierlich ab.[5] Die Branche klagte über »eine enorme Schädigung«[6] durch den Boykott. Der aber war nicht die alleinige Ursache für den sinkenden Verbrauch. Nachhaltiger sollte sich auswirken, daß dadurch auch die gesundheitsschädigende Wirkung des Alkohols auf die Tagesordnung gebracht worden war, und zwar diesmal nicht von den bürgerlichen Mäßigkeitsvereinen, sondern von der Arbeiterbewegung selbst. Einige Jahre zuvor war dieses Thema in der SPD schon einmal diskutiert worden.

Mit dem Argument, daß für den Klassenkampf und die Veränderung der unwürdigen Verhältnisse der Arbeiterschaft nüchterne, also klar denkende und klassenbewußte Arbeiter notwendig seien, forderte der eine Flügel der SPD totale Abstinenz, während der andere, unter der Führung von Karl Kautsky, Mäßigkeit propagierte. Dieser wollte, die Sozialistengesetze waren gerade aufgehoben, die politi-

sche Funktion des geselligen Trinkens nicht missen: »Das einzige Bollwerk der politischen Freiheit des Proletariers, das ihm so leicht nicht konfisziert werden kann, ist – das Wirtshaus.«[7] Nüchterne Idealisten vom Schlage Victor Adlers dagegen lebten nach dem Motto: »Der trinkende Arbeiter denkt nicht, der denkende Arbeiter trinkt nicht.«[8]

»Kinder seid vernünftig und sauft wieder Schnaps.« Bild und Text von Eduard Thöny, erschienen während des Schnapsboykotts im Simplicissimus. 1909

1 75 Jahre – Keine Feier ohne Meyer (Hermann Meyer & Co.) – Jung wie Berlin, Text: W. Köhler, Berlin 1965, ohne Pag.
2 Warenzeichen Nr. 121203, Warenzeichenblatt 16 (1909), S. 1829.
3 Alfred Heggen, Alkohol und bürgerliche Gesellschaft im 19. Jahrhundert. Eine Studie zur deutschen Sozialgeschichte, Berlin 1988, S. 164f.
4 Friedrich Engels, Preußischer Schnaps im Deutschen Reichstag (1876), in: Marx-Engels Gesamtausgabe, Berlin (DDR) 1985, Teil 1, Bd. 25, S. 35–45, hier: S. 40,41,45.
5 Heinrich Tappe, Der Kampf gegen den Alkoholmißbrauch als Aufgabe bürgerlicher Mäßigkeitsbewegung und staatlich kommunaler Verwaltung, in: Durchbruch zum Massenkonsum, H.J. Teuteberg (Hg.),

Münster 1987, S. 189–236, hier: S. 195.
6 Verein Berliner Kaufleute und Industrieller, Tätigkeitsübersicht 1909, S. 145.
7 Karl Kautsky 1891, zit. nach Heggen, a.a.O., S. 134, Anm. 372.
8 zit. nach: Isolde Jansen, Nüchterne Idealisten und rote Spießer. Zur Geschichte des Arbeiter-Abstinentenbundes in Österreich, in: Kulturjahrbuch. Wiener Beiträge zur Kulturwissenschaft und Kulturpolitik 7 (1988) Essen und Trinken, S. 86–98, hier: S. 86; vgl. auch: James S. Roberts, Drink, Temperance and the Working Class in Nineteenth Century Germany, Boston 1984; Manfred Hübner, Zwischen Alkohol und Abstinenz. Trinksitten und Alkoholfrage im deutschen Proletariat bis 1914, Berlin (DDR) 1988.

# 6.
# Nüchternheit
# und
# Luxusrausch

All diese Debatten hätten kaum Folgen gehabt, wären sie nicht auf so fruchtbaren Boden gefallen: in einen allgemeinen, sehr vielschichtigen und langfristigen Trend zu mehr »Nüchternheit«, zu einer Anpassung des Konsumverhaltens an bürgerliche Arbeitsethik und industrielles Arbeitstempo.[1] Für den Alkoholkonsum bedeutete dies nach der »Beschleunigung des Rausches« durch den Branntwein und der »Branntweinpest« eine »Disziplinierung« und »Verbürgerlichung« der Trinkgewohnheiten.[2] Bis in die 1870er Jahre war in vielen Gewerbe- und Industriezweigen in der Stadt das Schnapstrinken während der Arbeitszeit und in den Pausen üblich. Erst allmählich setzte sich die Erkenntnis durch, daß der Alkoholkonsum die Arbeitsleistung beeinträchtigt und die Unfallgefahr erhöht, und das Alkoholverbot wurde in die Fabrikordnungen eingeführt. Denn, so hieß es 1902: »Unsere Zeit verlangt nicht nur schnelle, sondern auch exakte Arbeit und klares Denken. Da hat der Wundertrank seine Kraft versagt. In dem feinen Uhrwerk des modernen Zusammenlebens bildet die präziseste Erfüllung jeder Einzelfunktion die Voraussetzung für das Ineinandergreifen und den Gang des Mechanismus, für die Festigkeit der Organisation.«[3] Nicht nur der Klassenkampf, auch die Arbeit an den Maschinen verlangte einen klaren Kopf.

Derweil lehrte ein wachsendes Gesundheitsbewußtsein – »Hygiene« war der allumfassende Begriff der Zeit – den Alkohol als Gefahr für die Gesundheit des Einzelnen wie für den »Volkskörper« zu sehen. Die Sozialhygieniker propagierten – neben besseren Wohn- und Arbeitsbedingungen – vor allem eine Veränderung des Freizeitverhaltens. Sport und Bildung sollten die Alternativen zur Kneipe werden. Hier hatte auch die Arbeiterbewegung ihren Anteil. Die zahlreichen Arbeiter-Sportvereine, Arbeiter-Bildungs oder -Musikvereine hatten, wenn nicht diesen Hintersinn, so zumindest doch den langfristigen Effekt, für große Teile der Bevölke-

Afrikanischer
Blutwein
Flaschenetikett
1902

**Preisschild mit dem Weinsortiment der Firma Hermann Meyer & Co 1903**

Industrieller berichten: »Der Konsum von Wein beschränkte sich früher fast allein auf die wohlhabendsten Kreise, in diesen ist seit Jahr und Tag ein merkbarer Rückgang des Konsums zu beobachten. Der Ausfall wird aber eingeholt durch außerordentliche Verbreitung des Weingenusses in weniger bemittelten Kreisen.«[4] Nur der Geschmack der neugewonnenen Kundenkreise bot noch Anlaß zur Klage: »Sowohl für häusliche Feste wie in Restaurants wird der schäumende Wein, wenn auch minderwertig, bevorzugt.« Und: »Leider bleibt trotz des steigenden Ansehens hiesiger Fabrikate in den oberen Kreisen der Konsumenten die Vorliebe für ausländische Spirituosen immer noch zu beklagen.«[5]

Hermann Meyer als »billigste Bezugsquelle reeller Spirituosen« konnte sie alle bedienen: Die einen mit Heidelbeer-Schaumwein zu 1,20 Reichsmark den Liter, stillem Heidelbeerwein schon für 65 Pfennige oder Moselblümchen für 50 Pfennige. Die anderen mit Pfalz- und Moselweinen oder sogar einem Chablis oder Château Margaux premier cru für 3,90 Mark, — Liebfrauenmilch von der Mosel wurde zum gleichen Preis gehandelt. Für Sabbat und Pessach waren auch Palästinaweine bei Meyer zu haben. Der Schlager des Sortiments aber war »Santa Rosa« — benannt nach der Frau des Gründers, Rosa Meyer, — ein »feurig süßer Kraft-Rothwein für Blutarme und Schwache«: »Edler Wein, O Santa Rosa, Du giebst Blut und Du giebst Kraft, Du verscheuchst des Daseins Prosa, giebst dem Körper Lebenskraft. Alle Welt wird es bekunden, wer Dich trinkt, der muß gesunden.« Zweifellos, Hermann Meyer traf den Geschmack des Publikums.

Der letzte Schrei, das non-plus-ultra des Luxus waren damals jedoch die »american drinks«. Die Bar hielt Einzug in Europa. In Berlin stieg sie

rung den Kreislauf zwischen Fabrik, Kneipe und Bett zu durchbrechen. Galt es zunächst noch, das Trinken auf die Freizeit zu beschränken, sollte es nun von der Gastwirtschaft in den privaten Bereich verlagert werden. Das Trinken in der Wohnung im Freundes- und Familienkreis, diese »Verbürgerlichung« verlangte auch nach anderen Getränken. Statt einfachen Branntweins leistete man sich, wenn man konnte, zu besonderen Anlässen einen kleinen Luxus: Wein oder Likör.

Meyers Sortiment mit einer säuberlichen Abstufung nach Preisklassen — seine im Vergleich mit anderen Mar-

ken preiswerten »Hochfeinen Tafel-Liqueure« waren dreimal so teuer wie die »Tafel-Liqueure« — läßt die Unterschiede zwischen den Portemonnaies erahnen. Dennoch: Mit dem wirtschaftlichen Wohlstand der Jahre 1900—1913 machte sich ein Trend zu höherwertigen Nahrungs- und Genußmitteln bemerkbar. Die zunehmende Kaufkraft breiter Schichten wurde, nachdem einmal ein gewisser Standard erreicht war, nicht mehr in ein Mehr an absolutem Alkoholkonsum umgesetzt, sondern es fand ein Wechsel statt zu prestigeträchtigeren und teureren Getränken. 1909 konnte der Verein Berliner Kaufleute und

zunächst in den großen Hotels ab. Der Barkeeper wurde zum großstädtischen Pendant der aristokratischen Meisterköche. Seine Konversationskunst, das Zeremoniell des Mixens und die klangvollen Namen seiner Kreationen mochten ebenso wichtig sein wie ihr Geschmack. Und die schier unendliche Variationsbreite der Rezepturen eröffnete ebensoviele Möglichkeiten der Selbstdarstellung. Mit ihren »Regimentsmischungen« beschworen preußische Garde-Offiziere den Korpsgeist, mit einem »Manhattan Fizz« demonstrierte die Jeunesse dorée urbanen, kosmopolitischen Lebensstil.

Für diesen Aspekt des Alkoholkonsums zeigte die Kaufmannsgilde der Weinhändler jedoch wenig Sinn. »Die leidige amerikanische Vorliebe für eisgekühlte Getränke« und die seiner Meinung nach »wachsende Nervosität des Großstädters« ließen ihre Umsatzzahlen sinken.[6] »Hierin aber liegt eine Gefahr, die schlimmer ist wie (sic!) alle anderen, es ist der Übergang der kommenden Generation zu schnelleren Erregungsmitteln, als sie der Wein bietet«.[7]

Es scheint, die Berliner Großstadtjugend hatte nicht viel übrig für behäbige Weinseeligkeit. Hier enstand ein neuer Lebensstil, der sich neue Objekte und neue Rituale kreierte. Da können die Grundfesten der gesellschaftlichen Ordnung leicht ins Wanken geraten. Deutsche Trinksitten, das war ein ernstes Thema: »Bei Zusammenkünften von Offizieren würde es z. B. als ein grober Verstoß gegen den guten Ton gelten, wollte ein Jüngerer einem Älteren zuerst zuprosten. Hier erhebt der Vorgesetzte zuerst das Glas und zeichnet durch das Zutrinken den Untergebenen besonders aus. Es ist nicht Sitte, daß eine Dame einem Herrn zutrinkt, geschieht es von seiner Seite, so dankt sie entweder mit einem Neigen des Kopfes oder nimmt selber auch einige Schlucke.

**Der Barkeeper
1931**

Danach blickt man sich von neuem an und wiederholt die Verbeugung.«[8]

Es sei »nun einmal das Los der Menschheit«, schrieb Georg Simmel, »daß wohl der Höhere zum Tieferen hinab, aber nicht ebenso leicht dieser zu jenem hinauf steigen kann – so wird im allgemeinen das Niveau, auf dem *alle* sich begegnen, dem Niveau des zuunterst Stehenden nahe liegen müssen.«[9] Das gilt für Offiziere ebenso wie für Soziologen. Auch letztere müssen sich stets nach unten begeben, zu den banalen Dingen, wie etwa Essen und Trinken, wenn sie das Allgemeine begreifen wollen.

1 Wolfgang Schivelbusch, *Das Paradies, der Geschmack und die Vernunft. Eine Geschichte der Genußmittel*, Frankfurt am Main, Berlin, Wien 1983.
2 ebd., S.159–178.
3 Thurnwald, Das Geschichtsargument in der Alkoholfrage, in: *Internationale Monatsschrift zur Erforschung des Alkohols*, Basel 1902, Heft 5.
4 Verein Berliner Kaufleute und Industrieller, *Tätigkeitsübersicht 1909*, S. 146.
5 ebd., S. 147.
6 *Berliner Jahrbuch für Handel und Industrie*, 1907, S. 110f.
7 Paul Kressmann, *Weinhandel und Winzer im Reichstag*, Berlin 1907, S. 28.
8 Charlotte Kühl v. Kalckstein, *Ess-, Trink-, und Tischsitten. Das Benehmen bei Tisch und die Bewirtung von Gästen*, Berlin 1922, S. 103.
9 Georg Simmel, Soziologie der Mahlzeit, in: ders., *Das Individuum und die Freiheit*, Berlin 1984, S. 205.

**7.**

# Kontoristin, Filialistin, Saison-arbeiterin: Frauen bei Meyer

Ein Photo aus dem Archiv der Firma, aufgenommen im Jahre 1909, zeigt Hermann Meyer inmitten von Arbeitern und Angestellten seiner Firma. Vergleicht man es mit der um 1893 im Anfangsstadium des Betriebes entstandenen Aufnahme, fallen die zahlreichen, mit ihren gigantischen Sonntags-Hüten bekleideten Damen ins Auge. Mit dem Schritt vom handwerklichen Klein- zum industriellen Großbetrieb war die Einstellung vieler weiblicher Arbeitskräfte einhergegangen. Zahlenmäßig hatten sie die männlichen Arbeiter bald überrundet, nach ihrer Stellung in der Betriebshierarchie haben sie sie bis heute noch nicht einmal eingeholt. Frauen arbeiteten in allen drei Bereichen des Unternehmens — Produktion, Verwaltung und Verkauf.

Wie in vielen Industrien spielte auch in der Nahrungs- und Genußmittelindustrie mit zunehmender Mechanisierung der Arbeitsvorgänge Frauenarbeit eine immer größere Rolle. Der Arbeitsprozeß wurde in kleinste Teilarbeiten zerlegt, die durch kurzes Anlernen schnell zu begreifen waren.[1] So waren es auch bei Meyer im wesentlichen Frauen, die die leeren Flaschen von der Wasch- auf die Trocknungsmaschine brachten, die Abfüllmaschinen bedienten, mit Etikettieren und Verpacken beschäftigt waren. Das Überwachen dieser Arbeiten und die qualifizierteren Arbeiten der eigentlichen Herstellung, etwa das Mischen der Liköre, lagen fast ausschließlich in den Händen von Männern. In der Konserven- und Marmeladenabteilung war es ähnlich. Hier arbeiteten in den dreißiger Jahren im Winter und Frühjahr sieben

Frauen, im Sommer und Herbst, zur Erntezeit, jedoch wurden 100 bis 120 Frauen zusätzlich als Saisonarbeiterinnen angeworben. Etwa 80 waren mit Gemüseputzen beschäftigt, 20 mit dem Füllen der Dosen. Ihnen standen vier Männer gegenüber, die diese Arbeit überwachten und die Autoklaven und Kochapparate bedienten.[2] Daß Ausbildungsgänge, in denen auch Mädchen die dazu nötigen Qualifikationen hätten erwerben können, damals völlig fehlten, war sicher eine, nicht jedoch die einzige Ursache für diesen Zustand. Agnes von Zahn-Harnack hatte 1924 versucht, die Zusammenhänge zu analysieren: »Noch stärker als an den Sohn tritt an die Tochter der Arbeiterkreise nach Beendung der Schulzeit die Forderung heran, Geld ins Haus zu schaffen, und selten ist ein Vater geneigt, für die Berufsausbildung der Tochter, die in dem erwählten Beruf vielleicht nur wenige Jahre bleibt, Opfer zu bringen. Infolgedessen sind die Aufstiegsmöglichkeiten in den Betrieben für die Frauen außerordentlich gering. (...) Aus dieser Unmöglichkeit, in dem einmal ergriffenen Beruf vorwärts zu kommen, erklärt sich auch zum Teil die große Unstetheit gerade der jüngeren, unverheirateten Arbeiterin; (...) die Aussicht, ein paar Pfennige mehr zu verdienen, oder ein Zusammenstoß mit einer Kollegin genügen sofort, um einen Wechsel vorzunehmen. Etwas anders liegt die Sache bei den verheirateten Frauen; sie sind zwar stetiger als die unverheirateten, aber Aufstiegsmöglichkeiten gibt es für sie fast noch seltener. Drei Gründe sind es, die die verheirateten Frauen, und gerade die älteren unter ihnen, bei den schlechtestbezahlten, schmutzigsten und unangenehmsten Arbeiten festhalten. Einmal sind die Frauen viel zu verarbeitet, zu stumpf und zu wenig anstellig, um noch eine feinere Technik zu erlernen; zweitens lassen sie sich — da sie auf ständigen Erwerb im Interesse ihrer Familie dringend angewiesen sind — am leichtesten

Hermann Meyer
(mit Hut und Brille)
inmitten seiner
Angestellten auf
einem
Betriebsausflug
1909

Herr Emmerich
(vorne mit Kittel),
der Konserven-
meister, und seine
Mitarbeiterinnen
und Mitarbeiter
um 1930

In der Konserven-
abteilung (von
links nach rechts):
Das Obst wird
sortiert und
gewaschen. Nach
dem Vorkochen
wird es in Dosen
gefüllt. Die Dosen
werden maschinell
verschlossen, in
die Autoklaven
eingestellt und
darin nochmals
gekocht.
1939

›drücken‹, und endlich lehnen die Männer solche minderwertigen Arbeiten fast durchweg einfach ab.«[3]

Die Damen im Kontor hatten vergleichsweise bessere Startbedingungen. Sie kamen meist aus der Mittelschicht. »Fabrikarbeit ist für Frauen und Mädchen fast immer das Ergebnis einer Zwangslage,« meinte Agnes von Zahn-Harnack, »aber in den der Kriegs- und Inflationszeit noch stärker hervorgetreten.«[5] Dennoch, für eine »Tochter aus gutem Hause« war, wenn sich denn schon kein Ehemann fand und sie arbeiten gehen mußte, diese Tätigkeit im Gegensatz zum »Arbeitengehen in der Fabrik« sozial noch akzeptabel: »In ihnen deklassiert man sich nicht, als sie sich fern vom Publikum abspielen«.[6]

konnten. Hören wir noch einmal die grande dame der bürgerlichen Frauenbewegung mit ihrer Einschätzung dieses Dilemmas: »Aber trotz alledem — die eigentlichen und spezifischen Eigenschaften der Frau kann dieser Beruf nicht entfalten, nicht das Pflegerische, nicht die Stimmen, die von Mensch zu Mensch sprechen, und wenn wir heute, zumal in Deutschland, die Frage danach, ob sich das

**Die »Fräuleins vom Büro« an den Schreib- und Rechenmaschinen bei Meyer 1939**

Bureau- und Kaufmannsberuf strömen jahraus, jahrein junge, frische, unverbrauchte Menschen«.[4] Dieses Bild ist wohl ein wenig rosig, denn: »War es schon vor dem Kriege eine bekannte Tatsache, daß der Beruf der kaufmännischen Angestellten von vielen Frauen gewählt wurde, weil er bei kurzer Ausbildung schnellen Verdienst und besonders für die Kontorangestellten eine sozial anerkannte Stellung sicherte, so sind diese rein äußerlichen Gründe der Berufswahl in

Wie in der Fabrik wurden auch in den Büros die Arbeitsgänge zerlegt und rationalisiert. Zur Bedienung der neu eingeführten Schreibmaschinen, Fernschreiber und Rechenmaschinen hielt man die angeblich flinken Frauenhände für besonders geeignet. Aufstiegschancen eröffneten sich allerdings auch in den Kontoren kaum. Und wenn, waren sie mit Zugeständnissen an Privatleben und Familie verbunden, die nur wenige Frauen damals akzeptieren wollten oder

ändern läßt, gar nicht stellen können und stellen dürfen, so dürfen wir uns doch andererseits dem Bewußtsein der Unzulänglichkeit, ja der tiefen Tragik nicht verschließen , daß unzählige unserer Schwestern in einem Beruf stehen, der eine Lebenserfüllung nur in den seltensten Fällen sein kann, und der dadurch noch schwerer wird, daß er fast durchgehend mit der Ehelosigkeit verknüpft ist.«[7]

Auch Bertha Bajenski und Emma Brettschneider, das »Kassenduo« bei Meyer, blieben beide unverheiratet. »Die waren morgens um halb sieben die ersten, die da waren, und nachts um zehn, elf brannte noch das Licht. Die gingen nicht nach Hause, die waren mit ihrer Firma Meyer verheiratet. Solche Menschen gibt es nicht mehr, die sich so identifizieren mit der Firma, das waren unentbehrliche Menschen.«[8]

stellte sie sich zur Verfügung, um unter außergewöhnlichen Umständen den verantwortungsvollen Posten eines Vorstandsmitglieds zu bekleiden. Ohne Zögern trat sie wieder zurück, als die außergewöhnlichen Umstände endeten.«[9]

Aus Anlaß ihres Jubiläums richtete der Vorstand 1938 die »Bertha-Bajenski-Stiftung für weibliche Lehrlinge« ein.

ren konnten, ist leider nicht bekannt. Es waren die Krisen, Umbruchs- und die Kriegszeiten, die den beruflichen Aufstieg von Frauen ermöglichten.

Kaum beruflichen Aufstieg, dafür aber weitestgehende Selbständigkeit bot die Übernahme einer Meyer-Filiale. Eine Berufsausbildung war dafür in der Anfangszeit wohl noch nicht unbedingt notwendig. Spätestens

»Fräulein Direktor« Bertha Bajenski, die Leiterin der Kasse 1938

Das »Kassenduo« Berta Bajenski und Emma Brettschneider 1939

Bertha Bajenski »gehörte zu den seltenen Erscheinungen, die sich aus eigener Kraft von der schlichten Kontoristin zu den höchsten Stellungen eines Unternehmens heraufgearbeitet haben.« Über fünfzig Jahre lang arbeitete sie bei Meyer. »Das Geschäft ist ihre Heimat geworden, und sie ist ihm treu, wie man der Heimat treu ist«, lautete das Lob zu ihrem vierzigsten Dienstjubiläum 1938. »Auch in schwieriger Zeit wurde ihre Treue nicht wankend. Ohne Zögern

»Nach dem Vorbild der Jubilarin soll jeder weibliche Lehrling nach Beendigung seiner Lehrzeit bei entsprechender Befähigung, tadelloser Führung und kameradschaftlicher Einstellung die Möglichkeit haben, zu den höchsten Stellen unseres Unternehmens emporzusteigen. Hierzu bedarf es einer besonderen Vorbildung. Die Stiftung stellt die hierfür erforderlichen Mittel bereit.«[10] Wie viele Lehrlinge die gestellten Anforderungen erfüllten und von der Stiftung profitie-

nach dem Ersten Weltkrieg aber begann man der Qualifikation der Filialistinnen größeren Wert zuzumessen und eine Ausbildung als Verkäuferin oder als Kontoristin vorauszusetzen. Was für viele die Übernahme einer Meyer-Filiale so attraktiv machte, war vor allem die Verbindung von Wohnen und Arbeiten. So war es der Frau möglich, ihren Lebensunterhalt zu verdienen oder den der Familie aufzubessern, ohne dabei das Haus verlassen zu müssen.

Vor allem Witwen oder alleinstehende Frauen mit Kindern waren hierauf angewiesen. Die Arbeit im Laden ließ meist noch genug Zeit, um für einen Augenblick in die Küche zu verschwinden oder einen Blick auf die Kinder zu werfen. Diese Möglichkeit hätte sonst nur die monotone und überaus schlecht bezahlte Heimarbeit geboten. Nicht wenige Frauen reizte aber auch die berufliche Tätigkeit selbst. Im Gegensatz zu ihren weiblichen Kolleginnen in der Fabrik und im Kontor konnten die Filialistinnen tatsächlich ein hohes Maß an Selbständigkeit in ihre Arbeit einbringen. Und nicht zuletzt stärkte »ihr« Laden auch ihr Selbstbewußtsein und vermittelte ihnen das Gefühl, in die Reihe der — meist männlichen — Ladenbesitzer der Nachbarschaft aufgestiegen zu sein. Für diese Hilfestellung auf dem Weg zur Emanzipation wurde Meyer hoch belohnt: Das große Verantwortungsgefühl für den »eigenen« Laden motivierte die Frauen zu ungewöhnlich hoher Einsatzbereitschaft. »Krankfeiern gab es nicht«, wie Frau Rademacher berichtet, und viele verzichteten sogar jahrelang auf ihren Urlaub. Sie fühlten sich weniger als Angestellte denn als selbständige Unternehmerinnen.

**oben links:**
**Bertha Künzel vor ihrer Meyer-Filiale in der Melchiorstraße, Berlin-Mitte 1910**

**oben rechts:**
**Frau Hähnel und ihre Schwester vor dem Meyer-Laden in der Raabestraße, Prenzlauer Berg um 1903**

**Frau Jagodzinski vor ihrer Filiale in der Wiener Straße, Kreuzberg 1913**

**rechts:**
**Auguste Assig vor ihrer Filiale in der Türrschmidtstraße, Lichtenberg um 1925**

1  *Handwörterbuch der Staatswissenschaften,* Bd. IV, S. 308 (Frauenarbeit und Frauenfrage).
2  Gespräch mit Herrn Willi Kindl, August 1990.
3  Agnes v. Zahn-Harnack, *Die arbeitende Frau,* Breslau 1924, S. 29.
4  ebd., S. 61.
5  *Handwörterbuch der Staatswissenschaften,* Bd. IV, S. 312.
6  Zahn-Harnack, a.a.O., S. 60.
7  ebd., S. 64.
8  Gespräch mit Herrn Gerhard Chrapkowski, Januar 1990.
9  *Die Meyer-Filialistin 1* (1939), Heft 1, Sondernummer Januar 1939, S. 54.
10 *Die Persönlichkeit formt ein Werk. Aus einem erfolgreichen Leben,* Text: Heinz Cassdorf, hrsg. v. d. Gefolgschaft der Hermann Meyer & Co. A.G. Berlin, Berlin 1939, ohne Pag.

## 8.

# »Fürsorge für das Wohl seiner Untergebenen«

Schon früh führte Meyer in seinem Betrieb das ein, was man später »freiwillige Sozialleistungen« nennen sollte. Die älteste dieser Einrichtungen war ein »Arbeiterinnenheim«. Es befand sich in dem zum Areal der Firma gehörigen Wohnhaus Usedomstraße 7. Vielleicht haben einige der Witwen, die unter dieser Adresse verzeichnet waren, bei Meyer gearbeitet, vielleicht aber auch die Saisonarbeiterinnen, die Meyer regelmäßig zur Erntezeit anstellte.[1]

1910 wurde dann die »Hermann Meyer Unterstützungskasse« als Ergänzung zur staatlichen Rentenversicherung gegründet. Sie ist die einzige dieser frühen Fürsorgeeinrichtungen, die bis heute fortbesteht.[2]

Wohl etwa zur gleichen Zeit eröffnete das Unternehmen auch sein Erholungsheim »Clubhaus« in Neumühle bei Königswusterhausen: »Die Arbeiter und Arbeiterinnen, welche 3 Jahre lang bei der Firma tätig gewesen sind, erhalten einen Urlaub von 10 Tagen, welchen sie im Erholungsheim verbringen. Das Gehalt wird während dieser Zeit fortgezahlt. Ebenso erhalten diese Angestellten vollkommen freies Logis und Verpflegung. Das Erholungsheim selbst liegt in der Nähe von Königswusterhausen und führt von hier aus ein prächtiger Waldweg direkt zu dem Erholungsheim. Auf der einen Seite wird dasselbe von der Dahme begrenzt und bietet so, direkt am Wasser gelegen, einen idyllischen Aufenthaltsort. (...) Prächtige Spaziergänge in dem Kgl. Wusterhausener Walde und Wassersport auf der Dahme machen das Heim der Angestellten so recht zu einem Erholungsheim. Für kräftige

Verpflegung ist durch Einsetzung eines Oekonoms Sorge getragen. Die Verpflegung wurde von allen Angestellten, welche bisher das Erholungsheim besucht haben, nur gerühmt. Außerdem wird das Erholungsheim benutzt, um dahin Ausflüge mit den gesamten Angestellten und deren Kindern zu machen. Bei diesen Ausflügen bietet das Erholungsheim einen

Schauplatz wahrer Fröhlichkeit.«[3]

Das »Clubhaus« war eine sehr fortschrittliche Einrichtung für seine Zeit. Die Turngeräte und die ausdrückliche Betonung des Sports lassen uns an die erste »Gesundheitswelle«, die Reformbewegung, denken. Vielleicht können wir aus Meyers Zigarren- und Zigarettenmarken »Reform« und

rechts:
**Das Erholungsheim »Clubhaus« der Hermann Meyer & Co. A.G. in Neumühle bei Königswusterhausen und das dazugehörige Badehaus an der Dahme 1910**

**Tanzsaal und Turnplatz des Erholungsheims 1910**

»Meyer's Reform« darauf schließen, daß Hermann Meyer diesen Ideen aufgeschlossen gegenüberstand. Ihnen zufolge, heute selbstverständlich, damals revolutionär, waren vor allem »Körperbewegung und Zerstreuung« wichtig für die Erhaltung der Gesundheit. Angesichts der unge-

sunden Wohn- und Arbeitsverhältnisse der meisten Arbeiter ergab sich für den Unternehmer auch eine soziale Verpflichtung, ihnen die Berührung mit »Licht, Luft und Sonne« zu ermöglichen.

Erst in der Weimarer Republik sollten

derartige Einrichtungen sich allgemein durchsetzen. Um 1910 leisteten sich Vergleichbares nur wenige Großbetriebe, meist aus der Metall- oder Elektrobranche. Ähnlich wie in jenen Unternehmen, war auch bei Meyer ein Ferienaufenthalt im »Clubhaus« erst nach mindestens dreijähriger Tätigkeit in der Firma möglich. Die Arbeiter an den Betrieb zu binden und eine hohe Fluktuation zu vermeiden, war damals das Bestreben vieler Unternehmer, insbesondere dann, wenn sie auf hochqualifizierte Facharbeiter, bei Meyer etwa die Destillateure, angewiesen waren, die sich ohne Einbußen für die Qualität der Produkte nicht kurzfristig ersetzen ließen. Auch die meisten der Unterstützungskassen machten ihre Zahlungen von der Dauer der Firmenzugehörigkeit abhängig. Jedoch, im Vergleich zu der im Sinne einer modernen »Sozialtechnologie« durchrationalisierten betrieblichen Sozialpolitik der dreißiger Jahre stand hier noch ein patrimonialer Geist der Fürsorge des Fabrikanten für »seine« Arbeiter und Angestellten im Vordergrund.

Dieses beinahe väterliche Verhältnis zwischen den Arbeitern und ihrem »hochverehrten Chef« spricht , wenn auch verklärt, aus den Todesanzeigen, die sie für ihn aufgaben, als er am 12. Juli 1913 starb. »Einen gerechten und humanen Chef, der in seltener Weise auf unser Wohl bedacht und uns auch allzeit ein gütiger Berater war,« verlieren der Inspektor und das Kutscher-Personal in dem Dahingeschiedenen.[4] Die Arbeiter, Arbeiterinnen und Kutscher trauern um »sein freundliches Wesen und seine Fürsorge für das Wohl seiner Untergebenen«.[5]

1  *Adressbuch der Stadt Berlin,* 1907.
2  *Handbuch der deutschen Aktiengesellschaften 16* (1911/12) Bd. 2, S. 1824f.
3  Hermann Meyer & Co. A.G., *Haushaltsbuch 1911,* S. 87.
4  *Berliner Lokal-Anzeiger* vom 15.7.1913.
5  *Vossische Zeitung, Morgen-Ausgabe,* vom 14.7.1913.

Hiermit erfüllen wir die traurige Pflicht, anzuzeigen, daß unser Vorsitzender

## Herr Hermann Meyer

am Sonnabend, den 12. d. M., uns plötzlich durch den Tod entrissen wurde. Mit nie ermüdendem Fleiß und von Erfolg begleitet, hat der Verstorbene seine ganze Kraft unserem Unternehmen gewidmet.

Wir bewahren sein Andenken in Dankbarkeit und Verehrung.

Berlin, den 14. Juli 1913.

## Der Aufsichtsrat der Hermann Meyer & Co. Aktiengesellschaft.

---

Am Sonnabend abend 10 Uhr verschied plötzlich unser hochverehrter Aufsichtsratsvorsitzender und Gründer der Firma

## Herr Hermann Meyer.

In tiefster und aufrichtigster Trauer stehen wir an der Bahre dieses Mannes, der uns durch seinen beispiellosen Pflichteifer, seine hervorragende Tüchtigkeit und seine edle Gesinnung ein leuchtendes Vorbild gewesen ist. Sein Tod bedeutet für uns einen schweren Schlag, verlieren wir doch in ihm unseren allzeit treuen Berater und wohlwollenden, fürsorgenden Menschen.

Sein Andenken wird bei uns nie erlöschen.

Berlin, den 14. Juli 1913.

## Der Vorstand und die Prokuristen der Hermann Meyer & Co. Aktiengesellschaft.

Die Beerdigung findet am Mittwoch, dem 16., 12 Uhr, von der neuen Halle des jüdischen Friedhofs zu Weißensee statt.

---

**Todesanzeigen für Hermann Meyer, der am 12. Juli 1913 starb**

---

Am 12. d. Mts. entschlief plötzlich unser allverehrter Vorsitzender des Aufsichtsrats,

## Herr Hermann Meyer.

Seinem weitschauenden Blick und unermüdlichen Tatkraft verdankt das von ihm gegründete Unternehmen seine heutige Höhe.

Für die Angestellten der Firma hatte der Dahingegangene stets ein besonderes Wohlwollen, und zeigte er sich uns immer in hochherziger Weise als fürsorgender Vorgesetzter.

Sein plötzliches Ableben ist für uns sehr schmerzlich, und werden wir sein Andenken stets in Ehren halten.

Berlin, den 14. Juli 1913.

## Das kaufmännische und technische Personal der Firma Hermann Meyer & Co. Aktiengesellschaft.

---

Am Sonnabend abend um 10 Uhr verstarb plötzlich unser allverehrter Chef, der Vorsitzende des Aufsichtsrats und Gründer der Firma

## Herr Hermann Meyer

im 68. Lebensjahre.

Der Verstorbene hat sich durch sein freundliches Wesen und seine Fürsorge für das Wohl seiner Untergebenen ein bleibendes Andenken bei uns erworben.

## Die Arbeiter, Arbeiterinnen und Katscher der Hermann Meyer & Co. Aktiengesellschaft.

Die Beerdigung findet am Mittwoch, den 16. Juli, 12 Uhr, von der neuen Halle des jüdischen Friedhofes zu Weißensee statt.

**9.**

# Der Alkohol im Ersten Weltkrieg

Daß patriotischen Zeitgenossen der Konsum ausländischer Spirituosen schlecht anstand, haben wir bereits gehört. Im August 1914 fanden sie bestätigt, was sie schon immer vermutet hatten: Hinter dem französischen Cognac stand der Erbfeind. Und Meyer konnte hoffen, »daß die deutsche Vorliebe für ausländische Erzeugnisse der Genußmittelindustrie nach dem Kriege aufgehört haben wird, und meint deshalb einer günstigen Weiterentwicklung entgegensehen zu können«. Der gute Geschäftsverlauf im ersten Kriegshalbjahr schien zu solchem Optimismus Anlaß zu geben: Der Krieg hat »den Fabrikations- und Handelsbetrieb nicht in dem Maße nachteilig betroffen, wie bei Ausbruch des Krieges befürchtet worden war. Der Konsum war, soweit geordnete Absatzquellen vorhanden, ein ziemlich reger: Im Monat September 1914 setzte nach kurzer Zeit der Erschlaffung eine lebhafte Kaufbewegung ein, die — unter dem Einfluß unserer

glücklichen kriegerischen Operationen — immer mehr anwuchs. Große Nachfrage stellte sich in der Hauptsache für Feldpostsendungen ein.«[1]

Um jene Feldpostsendungen mit Spirituoseninhalt war indessen ein erbitterter Streit entbrannt. Als die militärische Lage kritischer geworden war, legte die Heeresleitung verstärkten Wert auf nüchterne Soldaten: Warmer Schnaps wirke in der sommerlichen Hitze »erschlaffend«. »Wer Trinkbranntwein ins Feld schickt, erweist den Truppen keinen Liebesdienst, sondern gefährdet sie«, hieß es. Die Truppen sahen das anders: »Uns graut schon davor, wenn nächstens die famosen Limonaden — grün, gelb und hellblau — hier ankommen. Warum gönnt man uns denn nicht ein bißchen Freude an dem lieben alten Bier, bei dem unsere Gedanken an den Stammtisch daheim zurückwandern, oder an dem herrlichen Rotwein oder an den Schnäpsen, nach denen einem das oft schwere Essen so gut bekommt,« meinte ein Kompanie-Führer; denn: »wir hier sind es doch schließlich, die die Sache machen.«[2] Ende des Jahres 1915 wurde dennoch die »Ausstellung in Fenstern und

Läden und die öffentliche Anpreisung« von Feldpostpäckchen mit Spirituosen verboten.

Weit schwerwiegendere Folgen als diese umsatzmindernde Vorschrift hatte für Meyer die Blockadepolitik, durch die der Import ausländischer Weine nach Deutschland verhindert wurde; denn die machten einen Großteil seines Sortiments aus.
Verglichen mit anderen, vor allem den kleineren Betrieben, kam Meyer jedoch noch glimpflich davon. Zur »Metall-Mobilmachung«, das hieß zur Ablieferung der kupfernen Destillationskessel an die Schmelze, wurde er wohl nicht herangezogen. Und auch die Versorgung mit Rohstoffen war für einen Großbetrieb sicher noch besser als für die Kleinbetriebe.

Am härtesten traf Meyer wohl die Einschränkung der Spiritusproduktion im Verlaufe des Krieges. Die Rohstoffe, Korn und Kartoffeln, sollten so für die Versorgung der Bevölkerung sichergestellt werden. Jedoch, von allen Maßnahmen, die die auf den Krieg völlig unvorbereitete Ernährungswirtschaft getroffen hatte, waren diese noch eine der erfolgreichsten — auch wenn die politisch mächtigen Spiritusfabrikanten davon natürlich nicht begeistert waren. Meyer war fast lahmgelegt: »Die Ende Februar 1916 vom Bundesrat verfügte völlige Spritsperre dauerte das ganze Jahr über an. Eine Freigabe erfolgte nur für Heereslieferungen, mit denen wir uns wenig befaßten. In Betracht kam auch, daß der Zucker mit Rücksicht auf die Volksernährung zurückgehalten, für die Herstellung von Spirituosen nicht mehr zugelassen war.«[3] Wie nach dem Kriege zugegeben wurde, mußte sich auch Meyer bei der Herstellung von Spirituosen auf Ersatzstoffe verlegen. Über diese läßt Karl Kraus in seinem Weltkriegs-Panorama »Die letzten Tage der Menschheit« den Berliner Professor und Leiter des Instituts für Gärungsforschung,

**Weihnachten 1917.
Die Männer sind im
Krieg.**

Max Delbrück, sinnieren: »Ärztlicherseits wurde ausdrücklich die Bekömmlichkeit der gegenwärtigen Kriegskost festgestellt, der wir es zu verdanken haben, daß Erkrankungen, bei Männern wie bei Frauen in ständigem Rückgang begriffen sind. (...) Und nun gedenke ich der 66. Generalversammlung des Vereines der Spiritusfabrikanten Deutschlands auseinanderzusetzen, daß wir diesen Erfolg zuvörderst der Mineralnährhefe zu verdanken haben. (Stellt sich in die Positur des Redners.) Der Eiweißgehalt der Mineralnährhefe, der ihren Nährwert bestimmt, wird vorzugsweise durch ihre Verwendung von Harnstoff gewonnen. Meine Herren! Wir erleben hier einen Triumpf des reinen Geistes über die rohe Materie. Die Chemie hat das Wunder bewirkt. (...) Ist aber der Harnstoff so zu verwenden, so liegt auch die Möglichkeit vor, in derselben Richtung den Harn und die Jauche heranzuziehen.«[4]

Die Versorgung mit Grundnahrungsmitteln war, ebenso wie die Versorgung mit Spiritus, in der Reichsstelle für Ernährung und ihren verschiedenen Abteilungen zentralisiert worden. Anläßlich ihrer Gründung verkündete der Magistrat stolz, daß »die gesunde Überlegung siegte, daß die Not am besten zu bannen sei, wenn die Wirtschaftskräfte in einen großen Organisationsplan eingespannt würden. Kaum hatte man sich hierzu durchgerungen, so ließ sich als deutliches Echo die Bewunderung des neutralen und die schwere Enttäuschung des feindlichen Auslandes vernehmen. Bei uns aber schmiedete man das Wort von der deutschen Heimarmee, und kein Mensch zweifelte, daß auch sie von einem eisernen Siegeswillen durchdrungen sei.«[5] Die markigen Worte lassen bereits ahnen, daß dem »Opfermut des Bürgertums« in den kommenden Jahren einiges abverlangt werden sollte. Für das Gros der Bevölkerung und damit wohl auch für die meisten Meyer-Kun

den war die Lage schlicht katastrophal. Der »große Organisationsplan« endete in Chaos und Hunger: »In Schöneberg verteilt man Hülsenfrüchte, in Wilmersdorf Heringe und Dauerwurst, die zwei Häuser weiter, in Charlottenburg oder Friedenau zu den absolut unerreichbaren Kostbarkeiten gehören. (...) In sämtlichen anderen Gemeinden Groß-Berlins gibt es Frischwurst überhaupt nicht oder nur ›hinten herum‹.«[6] Auf dieses »hinten herum« war die Bevölkerung dringend angewiesen, denn die Lebensmittelmarken deckten nur etwa zwei Drittel bis die Hälfte des täglichen Kalorienbedarfs. Ein lebhafter Schleichhandel war die Folge. »Für teures Geld war noch immer alles in beliebiger Menge zu haben.« Bis in die letzten Kriegsmonate konnte sich die Oberschicht, »nicht nur gut, sondern reichlich« versorgen.[7] Es scheint, daß viele ihr Geld auch bei Meyer ausgaben. Dessen Umsätze konnten sich in den Kriegsjahren mehr als verdoppeln, ebenso der Reingewinn. Die Dividende stieg gar von 6 Prozent für 1914 auf 22 Prozent für 1917, und

auch eine Kapitalerhöhung konnte vorgenommen werden.[8] Das ensprach dem allgemeinen Trend, daß »die Produktion der Genußmittelindustrie im Kriege weniger abfiel als die industrielle Produktion überhaupt.«[9] Wie viele andere Großbetriebe ging Meyer in seiner wirtschaftlichen Position gestärkt aus dem Ersten Weltkrieg hervor.[10]

**Soldaten in einer Schreibstube bei Brüssel 1915**

1  *Zeitschrift für Spiritusindustrie 38* (1915) S. 115.
2  ebd., S. 445.
3  ebd., *40* (1917) S. 177.
4  Karl Kraus, *Die letzten Tage der Menschheit. Tragödie in fünf Akten mit Vorspiel und Epilog,* Frankfurt am Main 1986, S. 346.
5  *Die Versorgung Berlins mit Mehl und Brot im Erntejahr 1914/15,* hrsg. v. Magistrat, Berlin 1915, S. 115f.
6  Lebensmittelverteilung und Gross-Berlin, in: *Berliner Tageblatt, Abend-Ausgabe,* vom 9.11.1916.
7  Jürgen Kocka, *Klassengesellschaft im Krieg. Deutsche Sozialgeschichte 1914–1918,* Frankfurt am Main 1988, S. 50.
8  *Handbuch der deutschen Aktiengesellschaften 20* (1914/1915), Bd. 2, S. 1810f; *21* (1916/1917), Bd. 2, S. 1830f; *22* (1917/1918), Bd. 2, S. 1734f; *24* (1919/1929), Bd. 2, S. 1484.
9  Kocka, a.a.O., S. 50.
10  ebd., S. 44f.

## 10.

# Meyer und der Mittelstand

Die zentralisierte Bewirtschaftung im Ersten Weltkrieg hatte den Monopolcharakter der Spiritus-Zentrale gestärkt. Von der staatlichen Kontrolle zum staatlichen Monopol war es nur ein kleiner Schritt. Der letzte Reichstag des Kaiserreiches beschloß noch das Reichsbranntweinmonopolgesetz, das am 1. Oktober 1919 in Kraft trat. Die Probleme und auch die politischen Auseinandersetzungen waren damit jedoch nicht beendet. Die Preise waren sogar noch labiler als zuvor.

Die Spritfabriken »richteten sich auf die neue Sachlage ein durch starke Konzentration unter Angliederung benachbarter (Destillation, Brauereien, Produktenhandel, Weinhandel, Preßhefewerke) oder gewerbefremder Zwecke und Aufgaben«.[1] Zum größten Konzern der Branche schlossen sich 1925 die Spritfabrik Ostwerke, die Likörfirma Kahlbaum, die Brauereien Schultheiß, Patzenhofer und Pschorr sowie Portland-Zement zusammen. Die Hermann Meyer & Co. A.G. reagierte in viel kleinerem Maßstab ähnlich. Sie vergrößerte sich um Weinbrennereien außerhalb Berlins und intensivierte ihre Lebensmittelproduktion. 1924 besaß sie »sämtliche Geschäftsanteile folgender

Gesellschaften: Berliner Wein-Gesellschaft m.b.H., Wein- und Spirituosen-Gesellschaft m.b.H., Westliche, Östliche und Südliche Wein- und Likörgesellschaft m.b.H., Rixdorfer Genußmittel G.m.b.H. sowie die Aktien-Majorität der Hugo Beling A.G., Berlin. Diese Gesellschaften stellen eine Verkaufsorganisation dar und dienen dem Vertrieb der Waren des Unternehmens in den einzelnen Groß-Berliner Bezirken. Sie unterhalten insgesamt einen Betriebsapparat von annähernd 560 eigenen Verkaufsgeschäften, die für den Kleinhandel mit Spirituosen konzessioniert sind. 1920 ist noch die Berliner Gaststätten G.m.b.H. hinzugekommen, deren Majorität die Hermann Meyer & Co. A.G. besitzt. Die Hermann Meyer & Co. A.G. beteiligte sich ferner an der Gründung der Albert Buchholz A.G. in Grünberg in Schlesien, eines alten Marken-Unternehmens der Weinbrennerei, dessen Majorität sie erwarb. Weiterhin erwarb sie ein nicht unbeträchtliches Aktienpaket der Badischen Obst- und Weinbrennereien A.G. in Achern. Ein zur Belieferung der besetzten Gebiete (gemeint ist das nach dem Ersten Weltkrieg von französischen Truppen besetzte Rheinland, I.B.) mit Spirituosen bestimmtes Werk ist im Januar 1924 unter der Firma Hermann Meyer & Co. Rheinbetrieb A.G. in Köln gegründet worden und im Aufbau begriffen.«

Dieser wirtschaftliche Aufstieg des Unternehmens blieb nicht ohne Neider. Einer war der mittelständische »Reichsbund deutscher Brenner und Destillateure«, der gegen den »Krebsschaden« der Konzernbildung in der Spirituosenindustrie agitierte: »Wer durch die Straßen Berlins geht, der wird überall die Meyer-Filialen und Likörstuben finden. Jede derartige Filiale, jede derartige Likörstube vernichtete eine selbständige Existenz des Mittelstandes. Der Trust ›Meyer‹ ist daher für den gesamten Mittel-

1922 bekam die Firma ein modernes Signet: Aus einem stilisierten M ergibt sich das »Meyer-Männchen«, das zwei Gläser hält.

stand eine Gefahr.« Aber damit nicht genug: »Man braucht sich die Branntweinerzeugertrusts nur ein wenig näher betrachten und man wird finden, daß es sich bei diesen teilweise um rein jüdische Firmen handelt, oder daß der Aktienbesitz vorwiegend in jüdischen Händen ist. Ich bin kein Judenfresser, am allerwenigsten spreche ich den deutschen Juden, die sich mit unseren Verhältnissen abgefunden haben, ihre Lebensberechtigung ab. Auf Grund meiner Erfahrung und aufmerksamer Beobachtung kann ich doch nicht umhin, einmal öffentlich festzustellen, daß ich es höchst eigenartig finde, daß sich auch die deutschen Juden nur Berufen zuwenden, in denen grob verdient wird, wenn man die Verhältnisse skrupellos ausnützt…«[2] Und so weiter. Die da so scheinbar seriös daherkamen, waren mit ihrer »Objektivität« und ihren Besänftigungsfloskeln nicht weniger infam als die Berliner NSDAP-Zeitung »Der Angriff«, die 1928 mit ihren Verleumdungen über die Firma Meyer herfiel. Es ging um den Pachtvertrag, den Meyer für das Restaurant im Charlottenburger Rathaus abgeschlossen hatte. »Hunderte von erwerbslosen Fachleuten (vertriebenen einstigen Bahnhofswirten in der Ostmark oder im Elsaß usw.) hätten diese Pacht verdient…«[3] Und unter ihnen muß man wohl nach der Leserschaft des Hetzblattes suchen. Das »Argument« dieser vermeintlichen Modernisierungsopfer war das Ressentiment: der Antisemitismus. Es war vor allem jener vom sozialen Abstieg bedrohte Mittelstand, der darin seinen Standesdünkel auslebte und hinter den wirtschaftlichen Umwälzungen, die er nicht durchschaute, nur »die Juden« sehen wollte. Das Gift, das hier verbreitet wurde, sollte langsam aber nachhaltig wirken.

Es ließ sich auch ausgewogener über »Vordringen der Großunternehmung« sprechen. Hören wir Gustav Stresemann: »Die Stellungnahme zu den

durch diese Entwicklung herbeigeführten Erscheinungen wird verschieden sein je nach dem Ausgangspunkt, den der Betrachtende wählt. Wer vor allem die Interessen oder auch nur das Selbstbestimmungsrecht der großen Klasse der Konsumenten berücksichtigt wissen will, wird ihr wohlwollend gegenüberstehen, wer in der Vernichtung oder Verdrängung der sogenannten Mittelstandsklassen eine Gefahr für das Allgemeinwohl erblickt, wird sie rückhaltlos bekämpfen.«[4]

Der Mittelstand wurde keinesfalls

»vernichtet«, seine Struktur veränderte sich. An die Stelle der selbständigen Gewerbetreibenden trat die neue Klasse der Angestellten. Diese neue Mittelschicht und ihr Konsumverhalten sollten für die Zukunft die Geschäftspolitik der Hermann Meyer & Co. wesentlich bestimmen.

Ein Hetzartikel gegen das Unternehmen in der von Goebbels herausgegebenen Berliner NSDAP-Zeitung 12. November 1928

1 *Handwörterbuch der Staatswissenschaften*, Bd. VII, S. 732.
2 Gesunde Mittelstandspolitik für das Spirituosengewerbe, in: *Wein- und Spirituosenmarkt* 4 (1924) 1/2, S. 1.
3 *Der Angriff* vom 12.11.1928, fast wörtlich zitiert in: *Sigilla Veri*… (anitsemitisches Lexikon), Erfurt 1931, Bd.4, S. 479.
4 Stresemann, a.a.O., S. V.

## 11.

# Keine Feier ohne Meyer

Die Inflation ließ der Bevölkerung zunächst kaum den finanziellen Spielraum für Genußmittel. Knapp zwei Monate nach Einführung der Rentenmark jedoch meldete Meyer, gleichsam als Auftakt für bessere Zeiten, beim Patentamt seinen neuen Werbeslogan an: »Keine Feier ohne Meyer«.[1] Langsam begann die Kaufkraft des Publikums wieder zu steigen, und es setzte sich eine Entwicklung endgültig durch, die sich schon vor dem Ersten Weltkrieg abgezeichnet hatte: Qualität statt Quantität.

Während Meyer, wie die Firma selbst schreibt, »in früheren Jahren neben feinen Likören und Weinbränden auch geringere Sorten für den Massenkonsum in den Handel brachte, befaßt sie sich heute ausschließlich mit der Herstellung hochwertiger Qualitätsware.«

Für diese Entwicklung in der deutschen Spirituosenindustrie hielt Meyer drei Dinge für maßgebend: »die Einstellung auf Qualität, die Abstinenzbewegung und die Alkoholbesteuerung. Die Einstellung auf hochwertige Qualitätserzeugnisse machte sich nach Kriegsschluß in besonderem Maße erforderlich, weil die Industrie während der Kriegszeit, ähnlich anderer Branchen, genötigt war, Ersatzmittel zu verwenden und dadurch dem Publikum Erzeugnisse minderwertiger Qualität zu bieten. (…) Noch kurz vor dem Krieg galt in weiten Kreisen der deutschen Bevölkerung nur der französische und holländische Likör als vornehm. Heute entbehrt der deutsche Likörkonsument mit verschwindenden Ausnahmen die ausländischen Produkte gern, denn es gibt eine Reihe von Inlandsmarken, die ihm gleichwertige Qualitäten liefern. Im Zusammenhang mit der Einstellung der Industrie auf Qualität steht die Tatsache, daß der deutsche Alkoholkonsum, absolut betrachtet, in starkem Umfange abgenommen hat, während er relativ, im Hinblick auf feine Liköre und Weinbrände gesehen, erheblich größer geworden ist. Mit anderen Worten: Es wird im gan-

Eine
Konfirmationsfeier
1922

**Eine Feier
mit Meyer –
vielleicht,
um 1925**

zen weniger Alkohol konsumiert als vor dem Kriege, aber der Konsum an guten Sprirituosen hat zugenommen.«[2]

Tatsächlich wurde nur noch ein Drittel bis die Hälfte der Vorkriegsmenge an Trinkbranntwein pro Kopf verbraucht. Die hohe Branntweinsteuer und im Gegensatz dazu die Aufhebung der Weinsteuer, die viele Verbraucher vom Likör zu den alkoholreichen Südweinen wechseln ließen,[3] waren zwei der Ursachen dieses Wandels. Von einschneidenderer Bedeutung war jedoch die langfristige Veränderung des Geschmacks und der Konsumgewohnheiten durch eine »soziale Umschichtung«. So hatte, wie eine zeitgenössische Einschätzung lautete, »das Aufsteigen der Arbeitermassen eine Verschiebung in der Beanspru-

chung der Genußgüter, eine Änderung der Geschmacksrichtung mit sich gebracht. An die Stelle des Branntweingenusses traten vielfach Bier und Wein, oder die Verfeinerung und Veredelung des Genusses war sogar so weit gediehen, daß es zu einer Ausschaltung oder wenigstens einem Zurückdrängen der sinnberauschenden Genüsse gegenüber von Theater, Konzert, Lektüre, überhaupt von Kunst und Wissenschaft kam.«[4]

Die Meyer-Filialen boten diesen Schichten den neuen Luxus für das schmale Portemonnaie. Wein hatte in Meyers Sortiment schon immer einen festen Platz gehabt, und von vielen ehemaligen Filialistinnen wird berichtet, daß die preiswerten Weine in ihrem Laden »am besten gingen«. So wurden viele Filialen gezielt in die

**Das Firmensignet
1922**

**Ein Lieferwagen
aus dem
Meyer-Fuhrpark
1923**

Das Schaufenster
der Meyer-Filiale in
der Jungstraße
um 1931

Das Schaufenster
der Filiale von
Familie Hähnel in
der Raabestraße,
Prenzlauer Berg
um 1938

Die Regale und das
Schaufenster der
Filiale von Frau
Korpeck in der
Streitstraße,
Hakenfelde
1938

Wohngegenden dieser Kundenkreise, meist kleiner Beamter oder Angestellter, plaziert. Die »Schnapskunden« verloren für die meisten Läden immer mehr an Bedeutung.

Einen nicht unwesentlichen Anteil an dieser Entwicklung hatte sicher auch die Antialkoholbewegung gehabt.

industrie wurde die nun jederzeit erwartete »Trockenlegung« Europas zum permanenten Schreckgespenst: »Ein Erfolg der Antialkoholbewegung würde schwere volkswirtschaftliche Schädigungen, Schließung großer Betriebe mit sich bringen und dem Volk die berechtigte Lebensfreude, die der maßvolle Alkoholkonsum

wurde auch die Kaffeerösterei eingerichtet. Jedoch scheint es, daß diese Betriebszweige eher als »Puffer« für sinkenden Spirituosenkonsum in schlechten Zeiten betrachtet wurden; denn für die Selbstdarstellung des Betriebes spielten sie zu dieser Zeit nie eine Rolle. Die chemischen Produktionszweige, wie die Herstellung von festem Spiritus oder von Parfüm-Präparaten, wurden nach 1919 aufgegeben. So markiert die Zeit nach dem Ersten Weltkrieg den endgültigen Schritt von der Spiritus- zur Nahrungs- und Genußmittelindustrie.

Mitte 1922 zählte das Unternehmen, einschließlich seiner Berliner Tochtergesellschaften, etwa 900 Arbeiter und Angestellte. In Niederlehme wurde unweit des alten ein neues Arbeiter-Erholungsheim geplant, das Betriebsgelände um die Nachbargrundstücke Voltastraße 47—48 und Usedomer Straße 5—6 vergrößert und das Filialnetz weiter ausgebaut. 1923 zählte Meyer 560 Filialen. Die Keller-Geschäfte wichen allmählich geräumigeren, ebenerdigen Läden.

Nach dem Tod Hermann Meyers 1913 übernahmen seine Neffen, Dr. Felix Warschauer und Ludwig Warschauer, für die nächsten Jahrzehnte die Leitung des Unternehmens. Als Aufsichtsratsvorsitzender wurde Hermann Meyer durch Wilhelm Kühne, den Inhaber der benachbarten Essig- und Konservenfabrik, abgelöst, der diesen Posten bis 1932 innehatte.

**Ein Musterkoffer für die »Reisenden« der Firma. Die Meyer-Produkte wurden nicht nur in den Filialen sondern auch in Gaststätten und Einzelhandelsgeschäften verkauft. Um 1930**

Ihre Forderungen nach »Siedlung«, Sport und »wertvoller Unterhaltung«, mit denen sie sich mit den führenden Sozialhygienikern im Einklang befand, sollten die oben beschriebene Wandlung der Freizeitgestaltung mit befördern. Ihr leuchtendes Vorbild sahen die Alkoholgegner in den U.S.A., die 1919 die Prohibition eingeführt hatten. Für die Spirituosen-

gewährt, ohne zwingenden Grund nehmen.«[5] So dramatisch, wie Meyer hier fürchtete, wurde die Situation zwar nie, aber Meyer reagierte auf die Zeichen der Zeit mit der Intensivierung seiner Lebensmittelproduktion. So wurde 1921 Meyer's Backmassenfabrik, eine Tochterfirma zur Herstellung von Marzipan und Backmasse, gegründet. Um diese Zeit

1 *Warenzeichenblatt 31* (1924) S. 501, Nr. 311 700, angemeldet 8.1.1924.
2 Keine Feier ohne Meyer, in: Berthold Hirschberg (Hg.), *Berlin,* Berlin 1925, ohne Pag.
3 Vorläufiger Reichswirtschaftsrat, *Begründung zum Entwurf eines Spiritusmonopolgesetzes,* 1926, Stadtarchiv Berlin, Rep. 200—02, Nr. 2767/3.
4 Ernst Leist, *Die Einwirkungen des Weltkrieges und seiner Folgen auf die deutsche Spiritusproduktion,* Köln 1921, S. 64.
5 Keine Feier…, a.a.O., ohne Pag.

# Zum Fest

## nur Kaffee M

Nach dem Ersten Weltkrieg richtete Meyer auch eine Kaffeerösterei ein. Die Meyer-Filialen führten neben Spirituosen und Konserven ein kleines Sortiment von Lebensmitteln. Prospekt um 1938

Druckhaus E. Heckendorff, Berlin SO 16

**Firmensprospekt
um 1931**

Meyer-Liköre für
den Herrenabend
oder für die Damen
zu Gebäck und Tee,
aus einem
Firmenprospekt
um 1936

## 12.

# Die Meyer-Filialistin. Zum Beispiel Agnes Jeschke

Agnes Jeschke hatte von 1910 bis 1918 in der Gneisenaustraße eine kleine Filiale im Souterrain. Danach übernahm sie einen größeren Meyer-Laden in Treptow, Graetzstraße 24.

Ihre Tochter, Frau Hildegard Zeper, berichtet über ihre Kindheit in einer Meyer-Filiale:[1]

Die fünfköpfige Familie wohnte hinter dem Laden. »Der in der Gneisenaustraße hatte nur eine Stube, etwa 15 Quadratmeter groß. Die Küche lag über einen kleinen Flur. Die war winzig und schön kalt. Aber in Treptow war es um so schöner und um so wärmer. Da war eine große Küche und ein großes Zimmer, das war schon vier mal vier Meter, und Mutti hatte ein Berliner Zimmer. Also es waren zwei schöne große Zimmer. Da war noch ein kleiner Vorraum, bevor man in den Laden kam, da wurde immer Material aufbewahrt, Kisten und so was alles.« Im Laden selbst waren »rundherum Regale, von oben bis unten. Dann war da ein ganz großer Ladentisch, da hat sie ihre Kasse gehabt, und es war auch allerhand aufgebaut, Kaffeedosen, Bonbongläser. Hinten auf der Seite waren die ganzen Weine, der Schnaps und die Liköre, auf der anderen Seite waren Sekt und Fruchtsäfte und einfache Fruchtweine oder Apfelsaft, und was sonst noch alles war, war unten untergebracht. Es gab ein schönes großes Schaufenster, da hatte sie immer eine Menge zu dekorieren. Alle vier Wochen wurde neu dekoriert. In der Gneisenaustraße da waren noch keine Lebensmittel, die haben wir erst in Treptow gehabt. Alles, Reis, Nudeln, Linsen, da gab es alles. Kaffee, Bonbons, Schokolade, Konfekt.

Anfangs bei Meyer hat Mutti 40 Mark im Monat verdient, aber Miete und Licht waren frei. Licht war ja in der Gneisenaustraße noch nicht viel, da brannte noch Petroleum, aber nachher in Treptow, da haben wir anfangs Gas gehabt, und nachher hat Meyer überall Elektrisch legen lassen. Das haben die immer alles bezahlt. Und dann sind ja auch die Löhne gestiegen, aber trotzdem, existieren konnte man davon wenig.«

Frau Jeschke war durch ihren Laden den ganzen Tag voll in Anspruch genommen: »Wie wir noch Kinder waren, wurden wir erstmal alle fertiggemacht für die Schule. Frühstück gemacht, und wenn wir dann raus waren, hat sie dann erst mal ausgefegt, Staub gewischt und alles. Um 9 Uhr wurde aufgemacht. Und dann kam schon die Kundschaft, und da hat sie dann bis Mittag zu tun gehabt. Von eins bis drei war geschlossen. Dann kamen wir dann aus der Schule, und da mußte sie rasch Mittag kochen, und dann nachmittags war ja der Tag für sie. Da hat sie in ihrem Laden mächtig zu tun gehabt. Vormittags war es ruhiger, aber nachmittags war immer ganz schöner Betrieb. Sie hat ganz schön zu tun gehabt. Sie hatte keine Langeweile. Die Filiale ging sehr gut. Und wenn sie nicht Verkäuferin war, hat sie zwischendurch eingetütet, die ganzen Lebensmittel.«

»Was sonst war, das hab ich oder meine Schwester gemacht. Ich habe lieber im Haushalt geholfen als im Laden. Mutti hat nicht gerne einen reingelassen. Wir haben ihr das alles nicht gut genug gemacht. Ich durfte immer plätten, meine Schwester mußte abwaschen. Da der Laden gut ging, hatte Mutti sehr viel zu tun damit. Und abends abrechnen und die ganzen Aufstellungen, was sie so hatte. Sie mußte ja immer alles eintragen, was weggegangen ist, wieviel Kasse war. Da war sie dann natürlich geschafft, erschöpft.

Vati hat schon manchmal geschimpft:

Agnes Jeschke
(rechts), ihre
Schwester und ihre
beiden Töchter vor
der Meyer-Filiale in
der
Gneisenaustraße,
Kreuzberg.
Im Kinderwagen:
Hildegard Zeper
1913

›Mein Gott, bist du denn mit deinem Laden noch nicht fertig?‹ Vati mußte morgens um 4 Uhr raus, abends ist er um 8 Uhr schlafen gegangen. Da war Mutti erst mal gerade mit ihrem Laden fertig. Also, abends zusammensitzen, das gab es bei uns gar nicht.«

Helene Kühn vor ihrer Meyer-Filiale in der Steglitzer Straße um 1936. Die Tochter Vera feiert vor dem Laden Kindergeburtstag.

»Vati war nicht für den Laden. Der saß hinten, hat seine Zeitung gelesen. Nein, der war gar nicht für den Laden. Der hat gesagt: ›Du hast ja deine Kinder, die laß mal helfen.‹« Aber der kleine Verdienst war nicht der einzige Grund für Frau Zepers

Mutter gewesen, die Meyer-Filiale zu übernehmen:

»Sie wollte auch selbständig sein. Mutti war immer Verkäuferin, sie hatte das gelernt. Sie war ganz früher bei Conrad Tack Schuhverkäuferin gewesen. Also, sie war die geborene Ver-

käuferin. Sie konnte das gar nicht lassen, und ihr Laden war ihr alles. Die hätte ohne Meyer gar nicht leben können. Ihre Mutter hatte nachher auch noch in der Steinmetzstraße eine Filiale übernommen, und wenn die dann zu Besuch kam, dann hat Vati

schon gesagt: ›Jetzt ist doch bloß wieder Meyer dran, wir gehen‹. Ja, sie war begeistert. Das hat ihr alles so gut gefallen.«

Wie in allen Meyer-Filialen, war auch bei Frau Jeschke Weihnachten und Silvester am meisten los: »Die haben eigentlich an Weihnachten und Silvester gar nicht nach Preisen gefragt. Die haben die teuersten Sachen genommen. Nun hatte sie auch gute Kundschaft. Wir hatten dort unser Vorderhaus, da waren doch einige gute Kunden, die noch einigermaßen Geld hatten. Und dann war ja alles mit Hinterhäusern, unsere Vorderhäuser und Hinterhäuser, das war ja eine unheimliche Menschenmenge, und es waren nicht allzu viele Geschäfte da. Dadurch sind wir alles los geworden. Wir haben auch viel die billigen Sachen verkauft.«

Die »gute Kundschaft« war die vom Treptower Park, die Villenbesitzer. »Die haben auch gut gekauft: eine Menge Sekt und gute Weine und auch gute Cognacs. Bei manchen Kunden da sind wir abends noch, Mutti eine Tasche, ich eine Tasche und Körbe und haben es noch runtergebracht, weil die eine Party hatten. Die mußten unbedingt noch was haben, und Mutti sagte: ›ich schicke ihnen das heute abend noch hin.‹ Dann sind wir abends noch alle hin und haben das gebracht. Aber das lohnte sich dann für 30 bis 40 Mark, das war damals eine Menge Geld. Da ist die ganze Familie eingespannt gewesen. Mein Bruder hatte so einen kleinen Rollwagen gehabt, da hat sie dann noch alles draufgepackt. Der mußte den Rollwagen ziehen, wir hatten die Taschen, dann sind wir losgezogen. Sie hat alles wahrgenommen, was Geld brachte. Sie war eine gute Geschäftsfrau.«

»Sie war bekannt. Wenn sie mittags geklopft haben, sind sie auch reingekommen. Und abends nach Feier-

Frau Sehler vor ihrer Filiale in der Körnerstraße in Moabit um 1927

Henriette Sehler betrieb die Filiale von 1920 bis 1942.

Auch ihre Tochter Charlotte Krampitz hatte seit 1923 einen Meyer-Laden, zuerst in der Wilhelmstraße in Kreuzberg, und von 1925 bis 1947 in der Zillestraße in Charlottenburg.

Eine Familienfeier in der Wohnung hinter der Filiale in der Körnerstraße um 1927

Frau Charlotte Krampitz (vorne Mitte) mit Freunden und Verwandten vor der Filiale in der Körnerstraße um 1932

Herr und Frau Sehler (links) mit Verwandten vor ihrer Filiale in der Körnerstraße um 1930

Die Familie am Sonntag vor der Filiale um 1927

abend, wer spät Schluß hatte, ist hintenrum gekommen. Sie wußten, bei der kriegen wir immer noch was.«

Offenbar waren jedoch nicht alle Kunden bereit, Bares zu investieren. Die kleinen Schaufenster der Kellerläden, in denen zur Dekoration die Flaschen standen, wurden häufig eingeschlagen. Manche Filialistin mußte sich daher einen Wachhund halten. Frau Jeschke fand eine andere Lösung: »Mutti hatte immer lauter gefärbte Wasserflaschen drin. Da werden sie sich gefreut haben, wenn sie die getrunken haben. Die standen dann immer schon zwei, drei Jahre. Die werden gut geschmeckt haben. Auch auf dem Ladentisch, die Dekoration, die sie hatte, waren Wasserflaschen. Die haben oft Kunden geklaut. Sie wußte ja, welche Kunden das waren. Wie die dann kamen, hat sie sie gefragt: ›Na, wie hat es denn geschmeckt?‹ Die sind dann aber nie wieder gekommen.«

Als kleines Kind hat Frau Zeper den Ersten Weltkrieg miterlebt: »Das war eine schlimme Zeit. Wir hatten in Schlesien unten einen Onkel, der war Förster, und der hatte immer mal ein Reh oder so was rasch gebracht oder geschickt, da ging es dann noch. Bis 1918 war eine schlimme Zeit. Dann kam noch hinterher die Inflation und die Schießerei bei uns in Treptow. Oben auf der Ecke, da war doch die Kaserne, da waren furchtbar viele Schießereien, war grausam.« Und die Inflation: »Mutti hatte jeden Tag neu auspreisen müssen. Ist ja klar, ging ja nun nicht anders. Abends kam es so viel, morgens schon wieder mehr, und nachmittags war schon wieder ein neuer Preis da. Das war schlimm. Aber sie hat es trotzdem durchgestanden.« Danach wurde es besser und der Laden ging gut. »Bei Meyer war oftmals alles billiger. Dann sind sie eher noch gekommen als woanders hin. Die Privatleute waren doch teurer, und dadurch hat Meyer immer

**Die Filiale von Familie Krampitz in der Zillestraße, Charlottenburg um 1937**

noch etwas besser abkassiert als die anderen. Und da war ja immer Reklame gemacht worden. Das hat gezogen, denn jeder hat mit dem Pfennig gerechnet. Ich konnte nie klagen, daß im Laden viel Ruhe gewesen war, da war immer zu tun. Auch die ganze Arbeitslosigkeit hindurch, damals in den Zeiten 1932, 1933.«

Und etwa 1935, »da haben sie rangeschrieben ›Jude‹. Meyer, haben sie gedacht, das ist ein Jude. Mutti kam raus und hat es gleich wieder abge-

mein Mann war nicht wiedergekommen, ihr Sohn war nicht wiedergekommen, von meiner Schwester der Mann – also, wir waren bedient vom Krieg.« Erst beim Einmarsch der sowjetischen Armee in Berlin wurde ihr Laden zerstört: »Direkt vor Mutti ihre Eingangstür hat unsere SS eine Tellermine gelegt. Ein Glück, daß Mutti nicht noch nach oben gegangen ist und sich noch was aus der Wohnung geholt hat, dann wäre sie in die Luft gesprengt worden. Da kam als erstes ein junger sowjetischer Soldat,

wischt und gesagt: ›Stimmt nicht, wir sind keine Juden.‹ Dann kam aber von drüben die Polizei, und die haben sich abgesetzt. Das war nur ein Mal. Dann kriegten wir die anderen Plakate, und dann war nie wieder was, dann war Ruhe.« Das war 1941. Auf den neuen Plakaten stand »Jetzt Melchers«, Hermann Meyer & Co. war arisiert.

Der Krieg traf die Familie hart: »Mutti war schwer angeschlagen, wie mein Bruder gefallen war. Ende 45 kriegt sie die Nachricht, und da war sie vollkommen fertig. Ihr Mann gestorben,

und der ist vollkommen zerrissen worden. Keiner hat sich mehr in den Laden getraut. War ja sowieso nichts drin, die lieben Nachbarn haben ja alles ausgeplündert. Da war wirklich nicht eine Nudel oder ein Körnchen Reis zu finden, an Flaschen schon gar nicht mehr zu denken. Da haben die eigenen Leute mehr geklaut als alle anderen. Und da ist sie so fertig gewesen von dieser Zeit, da hat sie dann gesagt, nun nicht mehr, das macht sie nicht mehr mit.«

1 Zusammengestellt aus einem Gespräch mit Frau Hildegard Zeper, das im Januar 1990 geführt wurde.

## 13.

# »Was nützt mir ein schöner Garten, wenn andere darin spazierengehen«

Viel einschneidendere Folgen als Krieg und Inflation sollte die Weltwirtschaftskrise 1929 bis 1931 auf das Geschäft der Hermann Meyer & Co. A.G. haben. Jene Notzeiten konnten vor allem von den großen Industriebetrieben noch relativ unbeschadet überstanden werden. Diese weltweite Krise jedoch erfaßte alle Bereiche der Wirtschaft. Der Sturz der Aktienkurse machte auch vor Meyers Anteilscheinen nicht halt. 1932 wurde die Meyer-Aktie mit weniger als einem Viertel der Notierung von 1928 gehandelt. Selbst Berliner Großunternehmen wie Siemens mußten bald Personal »abbauen«. Im Frühjahr 1932 zählte die Stadt über 600 000 Arbeitslose, von denen gut die Hälfte von der öffentlichen Wohlfahrt unterstützt werden mußten. Das schlimmste Jahr für Meyer war 1931: »Während in den ersten 9 Monaten des Berichtsjahres die Umsätze des Vorjahres annähernd gehalten werden konnten, trat im letzten Vierteljahr infolge der sprunghaft ansteigenden Arbeitslosigkeit und der immer stärker abnehmenden Kaufkraft unseres Publikums ein fühlbarer Rückgang unseres Absatzes ein. In gleichem Tempo unsere Unkosten einzuschränken, war schwierig.«[1] Vor allem der Absatz an Spirituosen ging zurück, nicht zuletzt auch wegen ihrer Verteuerung durch die hohen amtlichen Spritpreise. Die Mineralwassersteuer wirkte ebenfalls schädigend, nur das Wein- und Obstweingeschäft konnte gut gehalten werden. Der Reingewinn sank von rund 450 000 RM 1928 auf 200 000 RM 1930. Hatte man 1930 das Filialnetz noch weiter ausgebaut, so muß-

ten nun 35 Filialen geschlossen werden. 1932 konnte das Geschäft durch Preissenkungen, der Ausbau des Wein- und Kaffeegeschäfts und »die von uns zum ersten Male aufgenommene Propaganda« wieder belebt werden.[2] »Es geht doch immerhin eine Welle von Optimismus durch das Land«, konnte die »Deutsche Destillateur-Zeitung« im Oktober 1932 feststellen.[3] Das Arbeitsbeschaffungsprogramm der Regierung war auch Meyer zugute gekommen. In seiner Antwort auf eine Rundfrage der Zeitschrift ließ das Unternehmen erkennen, »daß dieses Wirtschaftsprogramm für die Geschäftsbelebung ausschlaggebend ist. Bei der genannten Firma hat sich der Umsatz gegenüber früheren Jahren mengenmäßig erhöht, so daß sie sich veranlaßt sah, Neueinstellungen — wenn auch in bescheidenem Umfange — vorzunehmen. Eine Lohnkürzung ist bei ihr dessenungeachtet nicht erfolgt.«[4] Dennoch: »Wenn auch mehr Arbeitslose in den Arbeitsprozeß wieder eingeschaltet werden, so steigt dadurch nicht das Einkommen des einzelnen Arbeitnehmers, und das gegenwärtige Lohneinkommen ist verhältnismäßig so gering, daß sich die Mehrzahl der Arbeitnehmer den Genuß von Spirituosen versagen muß.«[5]

Trotz aller positiven Anzeichen für einen allmählichen Wirtschaftsaufschwung ließ eine wirkliche Steigerung der Kaufkraft noch auf sich warten. So mußte ein anderer Weg aus der Krise gefunden werden. Im Juni 1932 beschloß der Aufsichtsrat Maßnahmen zur Sanierung des Unternehmens. Das Aktienkapital wurde herabgesetzt durch Einziehung von Stammaktien im Wert von 280 000 RM aus dem Besitz eines Vorstandsmitgliedes. Der Reservefond wurde auf 10 Prozent des verminderten Aktienkapitals ermäßigt und dadurch ein Buchgewinn erzielt, der zu Abschreibungen auf Anlagewerte und Beteiligungen verwandt wurde. Um

die durch die Senkung der Spritpreise entstandenen Wertminderungen und die Konjunkturverluste aufzufangen, wurde in die Bilanz ein Entwertungskonto von 300 000 RM Minus eingestellt, das mit den Gewinnen der kommenden Jahre ausgeglichen wurde. 1934 war das Entwertungskonto auf Null und das Unternehmen konnte zum ersten Mal nach dreijähriger Unterbrechung wieder eine Dividende von viereinhalb Prozent ausschütten.[6] Im Zusammenhang mit diesen Transaktionen und ein weiteres Mal nach dem Tod Rosa Meyers im Jahre 1933 wurde der Aufsichtsrat der Firma umgebildet. Die Vertreter der Banken erhielten nun stärkeres Gewicht. Wilhelm Kühne, der bei Gründung der Aktiengesellschaft den stellvertretenden und seit dem Tode Hermann Meyers den Vorsitz dieses Gremiums innehatte, wurde durch Isidor Stern und dieser wiederum im Oktober 1933 durch den Kaufmann Dr. Ernst Nölle abgelöst.

Der Wirtschaftsaufschwung, an dem auch Meyer mitgearbeitet hatte, ließ mittlerweile auch die Kaufkraft der privaten Verbraucher wieder steigen. So bestanden für das Unternehmen eigentlich nur positive Aussichten, — hätten nicht inzwischen die Nationalsozialisten die Macht übernommen. In den ersten Jahren ihrer Herrschaft betrieben sie eine widerspruchsvolle Wirtschaftspolitik. Die Parteibasis, vor allem die SA und der »Kampfbund für den gewerblichen Mittelstand«, drängte, mit Boykottaktionen und Gewalt gegen »jüdische« Unternehmen vorzugehen. In den Ministerien jedoch wollte man den begon-

Der Vorstand und die leitenden Angestellten der Hermann Meyer & Co. A.G., links am Tisch wohl Dr. Felix Warschauer, rechts am Tisch Bertha Bajenski, rechts neben ihr, Ludwig Warschauer 1923

nenen Wirtschaftsaufschwung nicht gefährden, auf den das Dritte Reich zur Festigung seiner wirtschaftlichen und politischen Macht angewiesen war. Kapital und Know-How der jüdischen Unternehmer wurden hierzu noch gebraucht.

Der Boykott »jüdischer« Geschäfte vom 4. April 1933 war der Auftakt zu einer Entwicklung, die sich zunächst schleichend und ohne von gesetzlichen Regelungen begleitet zu sein vollzog, »ein sich langsam ausbreitender und vertiefender Prozeß, der von den Interessenten systematisch vorangetrieben wurde.« »Obwohl keine ›gesetzliche‹ Grundlage dafür bestand, setzte sich das Kaufverbot bei Juden für Beamte und Angestellte im öffentlichen Dienst durch, und die Arbeitsgerichte akzeptierten dessen Nichtbefolgen als Entlassungsgrund.«[7] Die Maßnahmen reichten vom Verbot, christliche Symbole für die Weihnachtsdekoration zu verwenden, über Schwierigkeiten bei der Kreditgewährung, bis hin zu »Vorladungen« und offener Gewalt.[8] Auch das Netz von Lieferanten und Geschäftspartnern wurde dünner. Die jüdischen unter ihnen hatten mit den gleichen Schwierigkeiten zu kämpfen und begannen, ihre Firmen zu verkaufen und auszuwandern. Welchen Schaden dieser »kalte Boykott« dem Unternehmen Meyer zugefügt hat, ist schwer abzuschätzen. Ebenso schwer zu rekonstruieren ist die Arisierung der Firma. Zum einen, weil alle Unterlagen dazu fehlen, zum anderen, weil sie sich zu einem Zeitpunkt vollzog, als solche Transaktionen noch nicht von staatlichen Regelungen vorbestimmt waren, sondern sich quasi informell, etwa durch Verkauf von Aktienpaketen vollzogen.[9] Daß die Jahre bis 1938 für Juden in Deutschland keinesfalls eine »Schonzeit« waren, ist in der Wirtschaftsgeschichte inzwischen unumstritten.[10] Zahlreiche als »jüdisch« geltende Unternehmen wurden bereits in den Jahren vor dem Novemberpogrom 1938 arisiert. Dazu zählten vor allem Aktiengesellschaften, bei denen dies relativ leise geschehen konnte, indem Aktienpakete ihre Besitzer wechselten.[11] Wie sich diese Arisierungen vor allem bei Kapitalgesellschaften jedoch genau vollzogen haben, ist bislang kaum untersucht, ebensowenig wie die finanz- und bankpolitische Seite der Arisierung.[12]

Der Erlaß der Nürnberger Gesetze im September 1935 wurde von einer Welle antisemitischer Hetzpropaganda und Pogromen, in Berlin von den sogenannten Kurfürstendamm-Krawallen, begleitet. Bereits im August 1935 war die künftige Rolle von Juden im »deutschen« Wirtschaftsleben zur Sprache gekommen. Kurz nach dem Nürnberger Parteitag kündigte Innenminister Frick hierzu gesetzliche Regelungen an. Diese sollten zwar erst drei Jahre später endgültig getroffen werden, aber die Rede hatte die Richtung bereits angezeigt. Nur war die Konjunktur zu diesem Zeitpunkt noch zu labil. »Erst gegen Ende 1936, als die deutsche Wirtschaft Vollbeschäftigung erreicht hatte, begannen die Nazis, die völlige ›Entjudung der deutschen Wirtschaft‹ zu planen und ab Ende 1937 auch zu verwirklichen.«[13]
In diesem Zusammenhang wurde auch die Frage gestellt, wie mit den jüdischen Angestellten der arisierten Firmen zu verfahren sei. Die »Jüdische Rundschau« berichtete: »Mit jedem aufgelösten oder an andere Besitzer übergehenden jüdischen Unternehmen wird nicht nur der frühere Besitzer aus dem Wirtschaftsleben ausgeschaltet, sondern oft auch seine jüdischen Angestellten und Arbeiter. Der Wirtschaftsredakteur des ›Völkischen Beobachters‹, Nonnenbruch, verlangt (...) geradezu, daß den neuen arischen Erwerbern eines jüdischen Geschäftes die Auflage gemacht werden solle, alle jüdischen Angestellten zu entlassen. Die Frage, was mit diesen Menschen geschehen soll, wird, soweit wir gesehen haben, in diesen Erörterungen weder beantwortet, noch auch nur aufgeworfen.«[14]

Dies ist der Hintergrund, vor dem die personellen Veränderungen in der Hermann Meyer & Co. A.G. zu betrachten sind. Nachdem auf der Hauptversammlung vom 7. Juli 1935 noch die Mehrheit der Aktien durch das Bankhaus B. & E. Sachs vertreten wurde, hatte im darauffolgenden Jahr, am 30. April 1936, die Deutsche Bank und Discontogesellschaft die meisten Stimmen angemeldet. Mit Dr. Paul Mojert übernahm ihr Vertreter den stellvertretenden Vorsitz im Aufsichtsrat.[15]

Am 2. Dezember 1935 traten Dr. Felix Warschauer und Martin Friedmann aus dem Vorstand zurück. Zum selben Datum erloschen die Prokuren von Dr. Max Hazay und Adolf Gottschalk, zum 30. April 1936 auch die von Arthur Wolffgang. Am 17. November 1936 schied Ludwig Warschauer, der das Unternehmen seit dem Tod Hermann Meyers geführt hatte, aus dem Vorstand aus. Die Freiwilligkeit, die das Protokoll seinem Schritt unterstellt, darf bezweifelt werden. »Was nützt mir ein schöner Garten, wenn andere darin spazierengehen«, soll er kurz vor der Emigration zu seinem Schicksalsgenossen Kempinski gesagt haben.[16]

Nach fast fünfzig Jahren, der ersten Hälfte der Firmengeschichte, war die Familientradition bei Hermann Meyer & Co. gewaltsam beendet worden. Ludwig Warschauer konnte noch in die U.S.A. auswandern. Mit einem Lebensmittel-Importgeschäft schlug er sich in New York mehr schlecht als recht durch. Vertreter, die meisten ebenfalls Emigranten, verkauften aus Europa importierte Schokolade, Schinken oder Marmelade von Haustür zu Haustür — meist wohl wiederum an Emigranten.[17]

Sein jüngerer Bruder Felix, der als Jurist für die Verträge zuständig gewesen war, konnte nicht mehr entkommen. Er wurde am 14. November 1941 in das Ghetto Minsk verschleppt. Wir müssen annehmen, daß er den Massenerschießungen, die dort im Frühjahr 1942 stattgefunden haben, zum Opfer gefallen ist.[18] Der Betriebsleiter Adolf Gottschalk, er war ebenfalls ein Mitglied der Gründerfamilie, emigrierte nach Südamerika, ebenso der Direktor Martin Friedmann, der bei der Belegschaft so beliebt gewesen war.[19] Über ihr weiteres Schicksal ließ sich kaum mehr als diese Fakten in Erfahrung bringen. Weniger noch als von den Mitgliedern der Firmenleitung wissen wir über die zahlreichen jüdischen Arbeiter, Angestellten und Filialistinnen von Hermann Meyer & Co.

Der Ruf einer »jüdischen Firma« sollte Meyer jedoch auch nach seiner Arisierung noch nachfolgen. Die erwähnten antisemitischen Angriffe auf das Unternehmen in den frühen dreißiger Jahren waren besser hängengeblieben als seine Arisierung. So existierte beispielsweise für den Kreis X der NSDAP, Neukölln und Treptow, eine Liste jüdischer Geschäfte, in der allein 22 Meyer-Filialen aufgeführt sind.[20] Auch in der Pogromnacht vom 9. zum 10. November 1938 zählten einige Meyer-Filialen zu den zerstörten und geplünderten Läden. In Berlin war dies angeblich weniger der Fall, wohl weil Partei und SA über die Arisierung des Unternehmens informiert gewesen waren, als in der Provinz. Herr Chrapkowski erinnert sich: »Ich war als Lehrling im zweiten Lehrjahr eingeteilt, mit Herrn Jaske, dem Kontrolleur für den südlichen Bezirk, mitzufahren. Wir machten in verschiedenen Filialen Inventur und übernachteten jeweils in Gasthöfen. Wir waren in Dessau-Roßlau, das war die letzte Filiale, die er inspiziert hatte, und fuhren auf der Landstraße im Dunkeln. Auf einmal sahen wir Fackeln. Da

marschierten SA und die Gröler auf der Landstraße. Wir kamen durch und haben in Zerbst in einem Gasthof übernachtet, haben dort Abendbrot gegessen, sind schlafen gegangen und morgens nach dem Frühstück gingen wir zur Filiale. Da kamen wir da runter und sahen die Scheiben eingeschlagen, in der Meyerfiliale in Zerbst. Die Filialleiterin kam und weinte und sagte: ›Ja, die SA hat hier… Wir sind doch kein jüdischer Betrieb, wir sind doch ein arischer Betrieb.‹ Wir waren natürlich entsetzt, aber wir konnten natürlich nichts tun. Wir haben wohl einen Glaser bestellt oder so.«

Noch im September 1939 brachte das antisemitische Hetzblatt »Der Stürmer«, das auch in Berlin öffentlich in den »Stürmer-Kästen« ausgehängt wurde, einen Artikel unter der Überschrift »Gangsterbande Warschauer«. Felix und Ludwig Warschauer wurden in übelster Weise denunziert. Selbst Wilhelm Kühne mußte sich als »Kumpan des Juden Warschauer« abgebildet finden. Die Hermann Meyer & Co. A.G. wurde nur im Kleingedruckten erwähnt als »ehemals jüdische Likörfabrik«. Weniger als gegen das inzwischen arisierte Unternehmen richtete sich der Artikel gegen die ehemaligen Vorstandsmitglieder.

1 Deutsche Destillateur-Zeitung 53 (1932) S. 304.
2 ebd.; Handbuch der deutschen Aktiengesellschaften 28 (1933) Bd. 3, S. 4136ff.
3 Deutsche Destillateur-Zeitung 53 (1932) S. 122.
4 ebd.
5 ebd.
6 Deutsche Destillateur-Zeitung 53 (1932) S. 271, 325; ebd. 56 (1935) S. 271.
7 Avraham Barkai, Vom Boykott zur »Entjudung«. Der wirtschaftliche Existenzkampf der Juden im Dritten Reich 1933–1945, Frankfurt am Main 1987, S. 74.
8 Jüdische Rundschau vom 24.9.1935 und 1.12.1936; Helmut Genschel, Die Verdrängung der Juden aus der Wirtschaft im Dritten Reich, Göttingen 1966, S. 43–104.

9 O.M.G.U.S. Militärregierung der Vereinigten Staaten für Deutschland. Finanzabteilung – Sektion für finanzielle Nachforschungen, Ermittlungen gegen die Deutsche Bank – 1946/1947–, Nördlingen 1985, S. 166f.
10 Barkai, a. a. O., S. 65, 80.
11 ebd., S. 83, 87; O.M.G.U.S., a.a.O., S. 169, 171; Genschel, a.a.O., S. 134–138.
12 O.M.G.U.S., S. 165, Anm. 1, 175. Eine Untersuchung dieser Vorgänge kann auch hier nicht geleistet werden.
13 Barkai, a. a. O., S. 68; Genschel, a. a. O., S. 124f.
14 Zur Wirtschaftslage. Erörterungen über die Juden im Handel, in: Jüdische Rundschau vom 29.10.1935, S. 1.
15 Handelsregister, Amtsgericht Berlin-Charlottenburg, 93 HRB 163 NZ, Akten Hermann Meyer & Co. A.G., Stimmanmeldung zur Hauptversammlung am 1.7.1935, Notizen vom 2.12.1935 und 30.4.1936; Protokoll der Hauptversammlung vom 30.4.1036, Notiz vom 27.11.1936; Handbuch der deutschen Aktiengesellschaften 30 (1935), Bd. 4, S. 5831–5835; 31 (1936) Bd. 3, S. 3911ff; vgl. O.M.G.U.S., a. a. O., S. 89ff.
16 Gespräch mit Herrn Everard U. Frey am 30.4.1990.
17 Mitteilung von Herrn Everard U. Frey.
18 Akten der Oberfinanzdirektion Berlin-Brandenburg, Landesarchiv Berlin, Rep. 92, Acc. 3924; Justiz und Verbrechen Bd. 19, Amsterdam 1978, Urteil des Kammergerichts Koblenz vom 21.5.1963, 9KS 2/63.
19 Mitteilungen von Frau Hella Schenkewitz, Herrn Willi Kindl und Herrn Everard U. Frey.
20 Landesarchiv Berlin, Rep. 214, Acc. 794, Nr. 24.

Likörfabrikation bei
Hermann Meyer &
Co.
1939

Die
Kräuterkammer.
Hier werden die
Kräuter-
mischungen
für die Liköre
zusammengestellt.

Vakuum-
Destillierblase zur
Herstellung von
Kräuterauszügen.
Sie ergeben das
Aroma des Likörs.

Eine
Kräutermischung
wird gewogen.

Steinzeugbehälter
zur Aufbewahrung
der
Kräuterauszüge.

Der Mischung von
Alkohol und
Zuckerlösung
werden die
Kräuterauszüge
beigegeben.

Flaschen werden
gereinigt.

Rüttelpulte zur
Sekt-Flaschen-
gärung. Damit die
Hefe sich unterhalb
des Korkens setzt,
werden die
Flaschen täglich
um ein Achtel
gedreht.

Aus einem der
20 000-Liter-Tanks
für Konsumweine
führt über einen
Filter der Schlauch
zur Abfüll-Anlage.

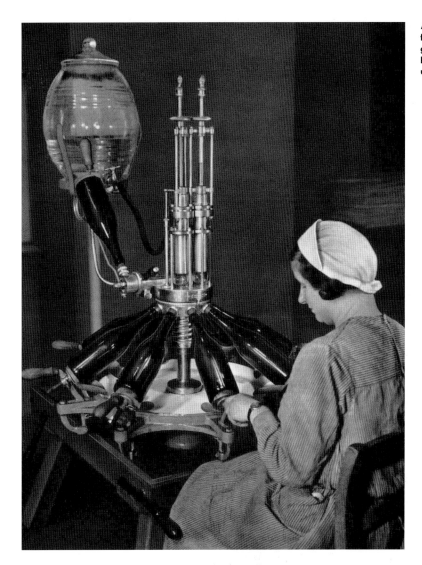

Abstimm-Apparat
für die
gleichmäßige
Dosierung von Sekt
und Kohlensäure.

Sektflaschen
werden verpackt.

**Robert Melchers
spricht auf einer
Betriebsfeier
1940**

## 14.

# Hermann Meyer & Co. A.G. – Jetzt Melchers

Im Januar 1937 übernahm Robert Melchers, zunächst als Sonderbeauftragter des Aufsichtsrates und ein Jahr später offiziell als Vorsitzer des Vorstandes, die Leitung der Hermann Meyer & Co. A.G. Die Verbindung zwischen ihm und dem Unternehmen war über die Deutsche Bank zustande gekommen. Robert Melchers, erinnert sich Herr Alfred Seelig, »war in Beraterverhältnissen selbständig tätig und hat sehr viele Verbindungen gehabt zu Banken. Da wurde Herr Melchers sehr oft von der Deutschen Bank aus an solche Betriebe vermittelt. Dort hat er als selbständiger Berater den Betrieb organisiert oder umgestellt, eine neue Leitung engagiert, die eingearbeitet, und dann hat er den Auftrag abgegeben. Das hat er mehrfach getan in der Zeit zwischen 1923 und 1937. 1937 war bei diesen Anfragen der Deutschen Bank auch die Firma Meyer. Melchers wurde durch die Deutsche Bank als Beauftragter des Aufsichtsrates eingesetzt für die Prüfung der Führung von Meyer, und danach, am 14. Januar 1938, trat er in den Vorstand ein und übernahm den Vorsitz im Vorstand.«

Robert Melchers übernahm die Firma zu einem Zeitpunkt, als sie ihr Tief, in das sie durch die Weltwirtschaftskrise geraten war, bereits überwunden hatte. Diesen Erfolg der alten Firmenleitung verbuchte Melchers später auf sein eigenes Konto. Angesichts der Boykottmaßnahmen und der allgemeinen Unsicherheit, die für die jüdischen Geschäftsleute in diesen Jahren herrschte, hatte man sich wohl eher abwartend verhalten. Erst nachdem der Betrieb nicht mehr als »jüdisch« galt, wurde ihm wieder Handlungsspielraum gewährt.

Der »Vollblutkaufmann« Robert Melchers begann den Betrieb völlig neu zu organisieren. Zunächst mußte er sich nach neuen leitenden Angestellten umsehen. Alfred Seelig war bei Siemens tätig, konnte aber aufgrund der strengen Beförderungsrichtlinien dort erst mit 32 Jahren Prokura bekommen. »Das war mir zu lang, noch 4 oder 5 Jahre auf die Eventualität warten zu müssen, eine Tätigkeit auch nach außen hin zu erhalten, die ich schon ausführte. Daraufhin sah ich mich um hier in der Berliner Wirtschaft und überlegte, nicht doch die sehr aussichtsreiche Position bei Siemens aufzugeben; allerdings nur dann, wenn ich etwas besonders Gutes fand. Bei einem Zusammensein mit der Deutschen Treuhand-Gesellschaft – die prüfte als Bilanzrevisor bei Siemens und auch bei Meyer – gab mir der Leiter der Prüfstelle den Rat, doch mal zu überlegen, ob ich zu Meyer gehen würde. Das wies ich erst weit von mir, denn von Siemens zu Meyer als Filialbetrieb, das schien mir erst gar nicht angemessen zu sein. Melchers ließ mich dann durch seine Sekretärin jeden zweiten Tag anrufen, ob ich mich nicht doch entschließen könne, zu Meyer zu kommen. Schließlich bin ich dann im Dezember 1938 zu Meyer in die Wattstraße gegangen, um mir das mal anzugucken und war sehr beeindruckt von der Art und Weise, wie Meyer sich gab. Dann imponierte mir das Gespräch auch so, daß ich den ständigen Anrufen der Sekretärin nachgab und mich doch entschloß, auf das Angebot von Herrn Melchers einzugehen und die kaufmännische Verwaltung zu übernehmen. Er bot mir seinerzeit gleich Prokura an. Als 28jähriger junger Mann war das eine reizvolle Sache.«[1]

Das Rezept, nach dem Melchers hier verfuhr, lautete: »Man richtet sich ein stattliches Büro ein, mit allem, was dazugehört, man bestellt sich einen Stab von Helfern, hetzt seine Vertrauensleute auf die Spur und läßt sich von deren Ergebnissen und Erfahrungen laufend berichten«, »packt sie durch die Übertragung verantwortungsvoller Posten beim Ehrgeiz und spornt sie so zur Höchstleistung an.«[2] Es verfehlte seine Wirkung nicht. Einen »neuen Geist« in die Firma zu

Das
Konferenzzimmer
für die Beratungen
der leitenden
Angestellten
1939

bringen, war sein Ziel. Auf einer der neu eingeführten Schulungsveranstaltungen für Filialistinnen erläuterte er, was er darunter verstand: »Was heißt das: Neuer Geist? Es bedeutet, daß alle Kräfte angespannt werden müssen, um das Ansehen und die Leistung

unseres Unternehmens in jeder Beziehung zu heben. Das ist notwendig, weil das Bisherige durch die Entwicklung überholt ist und die Gegenwart neue Aufgaben stellt. Die von der Staatsführung gestellte Aufgabe heißt: Hebung unserer Produktion und Versorgung unseres Volkes mit allen Lebensgütern auf dem besten, billigstem und bequemsten Wege. Ein Beispiel: Als unsere Firma vor fast 49 Jahren gegründet wurde, war das Automobil noch ein Luxus der Reichen. Heute wird der Volkswagen für Millionen von Volksgenossen gebaut. Mit dieser Entwicklung müssen wir mitgehen. Das ist der ›neue Geist‹ «.[3]

Ein pummeliger Kellermeister verkündete im März 1939 von Berliner Litfaßsäulen: »Meyer meint…« Eine Woche später fragte er, »was meint Meyer eigentlich?«, und gab eine weitere Woche später die Antwort: »Merkt auf liebe Leute! Meyer von heute ist nicht Meyer von einst!« Das war er wirklich nicht mehr.

Ein neues Image sollte er bekommen. Der Zeitgeist verlangte »Altdeutsch«. So wurden die Räume der Zentrale mit behäbigen »Handwerksmöbeln« ausgestattet, Kantine und »Gefolgschaftsräume« im Stil des Amtes »Schönheit der Arbeit«. Schaukästen in der Empfangshalle wurden als »Weinmuseum« eingerichtet und sollten jahrhundertealte Tradition heraufbeschwören. Schmuckflaschen wurden entwickelt, die sich an historische Formen anlehnten. Das »Meyer-Männchen«, das Firmensignet, wanderte aus seinem neu-sachlichen Kreis in einen von Helm und Federbusch gezierten Wappenschild. Gediegen sollte alles werden. Nicht mehr der »Schnaps-Meyer« wollte man sein, auch nicht mehr Zutatenlieferant für »american drinks«, sondern die traditionsreiche deutsche Weinhandlung. Das neue Image sollte den »alten Meyer« — und das hieß wohl auch, den alten Hermann Meyer — verges-

sen machen. Das Konzept wäre freilich wohl kaum so erfolgreich gewesen, hätte es nicht dem Zeitgeist ent-
sprochen und dem Wohlstand, der
sich bis zum Kriegsbeginn in weiten
Kreisen der Bevölkerung ausgebreitet
hatte. Der Wohlstand, symbolisiert
durch das Siedlungshäuschen und den
von Melchers zitierten Volkswagen,
brachte auch eine Tendenz zum »Pri-
vatisieren« mit sich – für die einen
staatlicherseits gefördert, für die
anderen erzwungen.

Hinter der altertümelnden Fassade
wurde bei Meyer kühl gerechnet.
1937 kaufte man den »nichtarischen«
Betrieb Hermann Sello auf und konnte
so, trotz des von den Nationalsozialisten erlassenen Verbots für Filialketten, ihren Betrieb auszudehnen, das
Filialnetz um 44 Läden erweitern. Die
Filialen in den Haupteinkaufsstraßen
bekamen ein neues, moderneres
Gesicht. Die roten Emmailschilder mit
weißer Schrift wurden durch weiße
Glasfassaden mit roter Schrift ersetzt:
»Fort mit den alten Blechschildern! An
ihre Stelle treten große, ruhige, stets
saubere Glasflächen, die von einem
Holzrahmen umgeben sind und auf
einem steinernen Sockel ruhen. Eine
solche Aufmachung entspricht der
Qualität unserer Waren und der
Bedeutung unserer Firma.«[4]

In der Friedrichstraße, am Kurfürstendamm und am Tauentzien wurden
weitere noble Renommier-Filialen für
den »gehobenen Geschmack« eröffnet. Sie führten auch Konserven und
Spirituosen-Marken, die Meyer nicht
selbst herstellte. Zwar war Meyer
schon längst keine reine Getränke-
und Konservenhandlung mehr, in fast
allen Filialen waren neben den
Meyer-Produkten auch Zigaretten,
Essig, Schokolade, Zucker oder Hülsenfrüchte zu kaufen, nun aber sollten
der Wechsel an die Haupt-Einkaufs-
straßen und das gehobene Lebensmit-
telsortiment das neue Meyer-Image
des »Feinkosthauses« prägen helfen.

Das Meisterzimmer
1939

Die Kantine, der
»große Gefolg-
schaftsraum«
1939

Für einen solchen Image-Wechsel begann in den dreißiger Jahren die Werbung eine neue Rolle zu spielen. Sie wurde nun systematisch betrieben, auf wissenschaftliche Erkenntnisse gestützt und von Erfolgskontrollen

chen wurde eingeführt. Das alte »Meyer-Männchen« wurde abgelöst durch den Namenszug mit dem Ypsilon als Likörglas. Bis heute ist er noch in abgewandelter Form über den Meyer-Läden zu sehen.

**Das Innere der Meyer-Filiale in der Tauentzienstraße 1939**

**Robert Melchers schult eine Filialistin 1939**

begleitet. So brauchte Meyer nicht allein auf die Renovierung seiner Filialen vertrauen. Prospekte, Plakate, Zeitschriften und sogar Werbefilme halfen, die neue Geschäftspolitik zu verbreiten. Auch ein neues Firmenzei-

Letztlich waren es aber vor allem die Filialistinnen, von denen in den damals üblichen Bedienungsläden der Verkaufserfolg abhing. An sie wurden nun wesentlich höhere Anforderungen gestellt als bisher: »Unsere

Meyer-Filialistinnen sind nebenberuflich tätig. Sie üben gleichzeitig zwei Berufe aus, den der Verkäuferin und den der Hausfrau. Der neue Geist, den ich von den Verkäuferinnen erwarte, besteht darin, daß sie ihren Beruf als Verkäuferin genauso gut versehen wie den als Hausfrau.«[5] Aus dem Nebenberuf sollte ein zweiter Beruf werden. Was Arbeitseinsatz und Motivation anging, war der Meyer-Laden für viele Filialistinnen bereits weit mehr als ein Neben-Beruf. Nun aber wurde die professionelle Spirituosen- und Feinkost-Verkäuferin gefordert. In Schulungskursen lernte sie die Grundbegriffe der Warenkunde, Schaufensterdekoration und Verkaufstechnik. Hausinterne Informationsblätter entschlüsselten die Aussprache der französischen Weinnamen. Die Hauszeitschriften »Die Meyer-Filialistin« und »Meyer meint« vermittelten Kenntnisse der deutschen Weinbaugebiete oder der Ursprünge des Kirschwassers in unterhaltsamer Form von Reiseberichten über Rhein, Mosel oder Schwarzwald – ersehnte Ferienziele für viele Berliner, bekannt nicht zuletzt durch die »Kraft durch Freude«-Reisen.

Die Hefte der »Meyer-Filialistin« verfolgten jedoch auch höhere Ziele, wie Robert Melchers programmatisch formulierte: »Es ist mein Wunsch und mein Bestreben, die beruflichen und arbeitskameradschaftlichen Beziehungen zwischen der Geschäftsleitung und den Verkäuferinnen der 631 Meyer-Filialen enger zu gestalten als bisher und durch wechselseitige Übermittlung von Ideen das Unternehmen und jede einzelne Verkäuferin zu fördern.«[6]

So sollten die Filialistinnen nicht nur »professionalisiert« werden, sondern sich auch stärker als Angehörige der Firma Meyer und weniger wie bisher als selbständige Unternehmerinnen fühlen. Ähnliches galt für die Arbeiter und Angestellten der Zentrale, an die

Das Feinkosthaus
am Olivaer Platz
1939

Die neugestaltete
Fassade für die
Meyer-Filialen
1939

sich die innerbetriebliche Werbung
gleichermaßen wandte: »Zur Stär-
kung der Effizienz und Arbeitsintensi-
tät sollte eine festere Bindung des
Arbeiters an ›sein‹ Werk gesichert
werden.« Oder, im damaligen Ton
gesagt: Es sollte ein »Ringen um die
Seele des Gefolgschaftsmitgliedes«
stattfinden. »Der Inhalt der Werbung
um Mitarbeit der Gefolgschaft (muß)
darauf gerichtet sei, es deutlich zu
machen, daß fehlende innere Anteil-
nahme des Arbeiters an seiner Arbeit
die Volkswirtschaft schädigt«.[7]

Die Weihnachtsfeiern und Betriebs-
ausflüge, die Meyer veranstaltete,
waren ein Teil dieses »Ringens«. In
den Erinnerungen der meisten ehemaligen Meyer-Mitarbeiter spielen sie
eine große Rolle: »Die Firma Meyer
machte immer Feste. Melchers war ein
Theaterdirektor von Natur aus. Das
Clou, das war ein Varieté, das wurde
gemietet und dann traten Schauspie-
ler auf und die Meyer-Mädchen. Die
Lehrlinge mußten alle ein ›Soldaten-
Ballett‹ machen. Die wurden von der
Ballettschule ausgebildet. Unsere
Mädels mußten tanzen, bei jedem
Fest mußten sie tanzen. Die haben
mehr Ballett geübt als gearbeitet im
Büro. Das hat uns sehr beeindruckt.
Ich war ja fasziniert von dieser
Firma.«

**Auf der Betriebs-
Weihnachtsfeier
1940**

Die Ansätze von Meyers betrieblicher
Sozialpolitik aus der Zeit vor dem
Ersten Weltkrieg wurden wieder aufgegriffen und im modernen Sinne wei-
tergeführt. Der Erkenntnis folgend,
daß Gesundheit und Arbeitsleistung
in engem Zusammenhang stehen,
richtete das Unternehmen ein neues,
größeres Erholungsheim in Fürstenberg in Mecklenburg ein. Später kam
noch ein zweites dazu in einem Hotel
in Haller am Haldensee in Tirol, das
Robert Melchers dort besaß. Aber
auch in Berlin wurde für die Gesundheit gesorgt: Es gab Gymnastik- und
Betriebssportgruppen und in der
Wattstraße ein Bestrahlungs- und

**Robert Melchers
mit Kindern von
Betriebsange-
hörigen
1940**

Massagezimmer, wo »Lichtbäder« genommen werden konnten. Als »Kameradschaftsraum« bekam die Kantine neue Bedeutung. Gemeinsam und nicht mehr wie vorher üblich in ihren Büros oder in den Fabrikräumen sollte die »Gefolgschaft« ihre Mahlzeiten einnehmen. In den kommenden Zeiten der Mangelernährung diente sie jedoch profaneren Zwecken. Auch die Familien der Betriebsangehörigen wurden in diese sozialen Maßnahmen eingebunden: Meyer zahlte Geburtsbeihilfen, veranstaltete Bastelkurse für die Kinder und lud auch die Ehegatten in das Ferienheim mit ein.

Meyers betriebliche Sozialpolitik erfaßte die Belegschaftsmitglieder bald in allen ihren Lebensbereichen – Arbeit, Freizeit, Familie –, um sie in der »ehrlichen und beglückenden Betriebsgemeinschaft« zu verbinden.[8] Mit diesen Maßnahmen führte Robert Melchers bei Meyer eine Sozialpolitik ein, wie er sie vielleicht schon während seiner Lehrzeit bei Siemens kennengelernt hatte. Siemens galt in dieser Hinsicht als modern und vorbildlich. Für beinahe jede der sozialen Maßnahmen bei Meyer findet sich ein Pendant bei Siemens.[9] Sie waren zu einem festen Posten in der Kalkulation des Betriebes geworden, freilich nicht nach einer simplen Input-Output-Rechung. Die soziale Sicherheit der Arbeiter und Angestellten, ihre Gesundheit, ihr Wohlbefinden am Arbeitsplatz, ihre Motivation und ihre Identifikation mit dem Unternehmen waren langfristige »Investitionen«. Diese »Modernisierung nach innen« war schließlich auch die Entsprechung der »Modernisierung nach außen« mit der Schaffung eines neuen Images, einer neuen »Corporate Identity«, die mit ebenso langem Atem betrieben sein wollte. Die »soziale Ordnungspolitik des Betriebes« war in den dreißiger Jahren ein allgemein viel diskutiertes Thema. Siemens hatte die Prinzipien dieser Modernisierung von

**Das Erholungsheim am Röblinsee in Fürstenberg/ Mecklenburg 1939**

**Die Betriebssportgruppe 1940**

**77**

Natürlich: Jeder Berliner erinnert sich bei dem Namen „MEYER" an die vielen, kleinen Schnaps- und Lebensmittel-Filialen von früher.

Seit 3 Jahren hat sich dieses Bild geändert. Aus den vielfach unscheinbaren und oft im Keller gelegenen Läden wurden saubere, neuzeitlich ausgestattete und gut geleitete Wein-, Spirituosen- und Lebensmittel-Geschäfte, zum Teil erstklassige Feinkost-Häuser.

Heute geben wir der Firma den Namen des Mannes, der als Träger dieser Entwicklung unser Unternehmen zu Ansehen und Erfolg führte.

# ROBERT MELCHERS A.G.

Annonce in der
Berliner
Morgenpost
19. August 1941

Betrieb und Gesellschaft formuliert und verfolgte darin eine »sozialpolitische Doppelstrategie«. Sie bestand zum einen darin, »die betriebliche Sozialpolitik streng auf das Ziel der Optimierung des ›Produktionsflusses‹ auszurichten, sie auf das aus produktionspolitischen Überlegungen als unumgänglich Erachtete zu beschränken und betriebswirtschaftlich scharf zu kalkulieren. Zum anderen sollte das Vorbild der im ›Hause Siemens‹ entwickelten Methoden und sein Einfluß auf die Einrichtungen der staatlichen Sozialpolitik (man könnte ergänzen: und der Sozialpolitik anderer Unternehmen, I.B.) den Weg zur Rationalisierung der Industriegesellschaft weisen und, darüber vermittelt, wiederum den wirtschaftlichen Interessen der Firma zugute kommen.«[10]

Die Grenzen zwischen »sozialer Rationalisierung« und der Umsetzung der NS-Ideologie waren fließend. Das eine fügte sich gut in das andere. Meyer bemühte sich, in jeder Hinsicht ein »Musterbetrieb« zu sein. Man veranstaltete »Berufswettkämpfe« der Deutschen Arbeitsfront oder stellte das Erholungsheim der NS-Volkswohlfahrt zur Verfügung. Bei alldem ging es auch, ähnlich wie vor dem Ersten Weltkrieg, nun wieder darum, die Arbeitskräfte im Betrieb zu halten. Denn seit der Hochkonjunktur der Rüstungsindustrie herrschte seit 1936 ein allgemeiner Arbeitskräftemangel.[11]

Vor allem aber wurde Meyer in jenen Jahren vollkommen auf die Person des neuen Chefs ausgerichtet. Sein fünfzigster Geburtstag wurde groß gefeiert. Dafür ließ man das fünfzigjährige Jubiläum der Firma, das 1940 angestanden hätte, sang und klanglos ausfallen. »Er hat auch immer Direktoren ernannt,« erinnert sich ein ehemaliger Betriebsangehöriger, »nur er war kein Direktor. Er hat gesagt, es gibt nur einen Herrn, das bin ich. Ich bin Herr Melchers und nicht Herr

Generaldirektor oder Herr Direktor. Das hat er verbreiten lassen. Er hat die Leute auch nie mit Herr Sowieso angesprochen, er hat immer nur gesagt ›Müller‹, ›Schulze‹ oder ›Meyer‹ kommen Sie mal her.«

Am 20. Juli 1940 verfaßte Melchers ein »Memorandum des Vorstandes über die Umwandlung der Hermann Meyer & Co. Aktiengesellschaft in die Robert Melchers Kommanditgesellschaft auf Aktien« und ließ es als Drucksache verbreiten. Er selbst, wohl auch unterstützt durch ihm verbundene Aktionäre, hatte inzwischen die Mehrheit im Aufsichtsrat hinter sich.[12] Mit dieser Umwandlung wollte er als persönlich haftender Gesellschafter der zu gründenden Gesellschaft die »Gefahr der Überfremdung«, das heißt der Aktienankäufe durch »Außenseiter«, »beseitigen« und seine eigene Stellung sichern. Denn bei »der Kommanditgesellschaft auf Aktien bedarf jede Satzungsänderung insbesondere auch eine Veränderung des Grundkapitals, der Genehmigung des persönlich haftenden Gesellschafters, der selbst von einer feindlichen Mehrheit von Kommanditaktionären nicht seiner Stellung beraubt werden kann.« Weshalb diese Befürchtung? Hatte er etwa das Schicksal seiner Vorgänger noch in Erinnerung? Die Befriedigung, daß »durch die Umwandlung Herr Robert Melchers als verantwortlicher Leiter des Unternehmens noch mehr als bisher in Erscheinung (tritt)«, wird darüber hinaus einer der Gründe für diesen Schritt gewesen sein. Bei so viel Selbstherrlichkeit blieb allerdings auch die alte Firmenleitung nicht verschont: »Der Firmenname ›Hermann Meyer‹ erweckt noch immer Erinnerungen an die frühere nichtarische und schlechte Führung des Unternehmens. Die allgemeine Hebung des Niveaus unseres Unternehmens hat sich auf den Teil der Berliner Bevölkerung noch nicht ausgewirkt, bei dem der Name ›Hermann Meyer‹ ungünstig

**Die Meyer-Filiale in der Augsburger Straße in Schöneberg 1937**

**Planzeichnung zur Änderung der Beschriftung 1943**

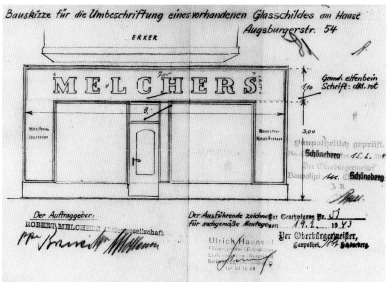

Schritt erneut opportun. Nach der Umbenennung des Unternehmens war er in einer exponierteren Stellung, und die Kriegswirtschaft machte sicher ebenfalls »gute Verbindungen« notwendig. Dies vielleicht umso mehr, als der Stern Hermann Görings bei Partei und Regierung zu diesem Zeitpunkt bereits im Sinken begriffen war. Zu ihm hatte die Firma enge Beziehungen. Dessen Schwester Olga Riegele und ihr Mann waren Aktionäre, bis zu seinem Tod war Dr. Fritz Riegele Mitglied des Aufsichtsrates. Dennoch – oder vielleicht deshalb? – wollte man nun seinen erneuten Aufnahmeantrag nicht befürworten. Zwei Jahre zog sich das Aufnahmeverfahren hin. »Ich bin nicht davon überzeugt«, schrieb zum Schluß der Ortsgruppenleiter von Zehlendorf, »daß M. ein Gewinn für die NSDAP sein wird. Er ist nach meiner Auffassung ein ausgesprochener Wirtschaftsmann liberalistischer Prägung – und zwar ein recht erfolgreicher –, der die (sic!) Parteizugehörigkeit zur Abrundung seiner Stellung bedarf.«[15]

1 Gespräch mit Herrn Alfred Seelig, Januar 1990.
2 Die Persönlichkeit..., a.a.O., ohne Pag.
3 *Die Meyer-Filialistin,* Januar 1939, S. 2.
4 ebd., S. 3.
5 ebd., S. 4.
6 ebd., Innentitel.
7 Uwe Westphal, *Werbung im Dritten Reich,* Berlin 1989, S. 147f.
8 *Betriebsausflug der Firma Hermann Meyer & Co. Aktiengesellschaft nach Fürstenberg i. M. am 16. Juli 1939,* S. 20.
9 Carola Sachse, *Siemens, der Nationalsozialismus und die moderne Familie. Eine Untersuchung zur sozialen Rationalisierung in Deutschland im 20. Jahrhundert,* Hamburg 1990.
10 ebd., S. 246.
11 Ulrich Herbert, *Fremdarbeiter. Politik und Praxis des »Ausländer-Einsatzes« im Dritten Reich,* Berlin, Bonn 1986, S. 42ff.
12 Der *Tagesspiegel* vom 14.1.1950.
13 alle Zitate aus erwähntem Memorandum, Archiv Berlin Museum.
14 Handelsregister-Akten, a.a.O., Protokoll der außerordentlichen Hauptversammlung vom 4.7.1941.
15 Berlin Document Center, Akte Robert Melchers, Brief der Ortsgruppe Schlieffen der NSDAP (Zehlendorf) an Gau Berlin der NSDAP, Gauschatzmeister, Mitgliedschaftswesen vom 22.3.1943.

fortwirkt. (...) Für diese Namensänderung dürfte jetzt der geeignete Zeitpunkt gekommen sein, da nach Kriegsende wahrscheinlich die Bestrebungen der Behörden und der Partei auf Ablegung nichtarischer Firmennamen fortgesetzt werden.«[13]

Der Krieg sollte so bald noch nicht zu Ende sein, aber die genannten »Bestrebungen« wurden fortgesetzt. Am 27. März 1941 erließ der Reichswirtschaftsminister eine Verordnung, nach der, »wer einen jüdischen Gewerbebetrieb übernommen hat und in der Firma den Namen eines früheren jüdischen Inhabers oder Gesellschafters führt, verpflichtet ist, den Namen des Juden zu entfernen und eine neue Firma zu bilden.« Vom 4. Juli 1941 an hieß die Hermann Meyer & Co. A.G. Robert Melchers & Co. A.G.[14] Ladenschilder wurden mit einem roten Plakat »Jetzt Melchers« überklebt, alle Briefköpfe rot überstempelt. Wenige Wochen nach der Umbenennung der Firma stellt Robert Melchers einen Aufnahmeantrag in die NSDAP. Bereits im April 1933, als der Wind sich gerade gedreht hatte, war er in die Partei eingetreten, hatte danach aber keine Mitgliedsbeiträge mehr bezahlt und sich nicht weiter engagiert. Nun erschien ein solcher

Deckblatt einer
Preisliste der
Hermann Meyer &
Co A.G. von 1939,
nach Änderung des
Firmennamens
1941 überstempelt

**15.**

# »Front und Heimat«

Als der Zweite Weltkrieg begann, rüttelte er gleich an einer der ältesten Traditionen des Unternehmens: »Der« Meyer-Likör, »Stary Wojak«, mußte nach dem Überfall der deutschen Truppen auf Polen seinen Namen zu »Alter Reiter« germanisieren. Ansonsten machte sich der Krieg zunächst vor allem im Fehlen der Arbeitskräfte bemerkbar: »Da bekamen auch die Lehrlinge Aufgaben, die etwas anspruchsvoller waren, weil ja viele eingezogen waren. Ich bekam also eine recht interessante Aufgabe, ein bißchen kaufmännisch orientiert. Ich habe die Kontierung aller Rechnungen gemacht,« erzählt ein ehemaliger Mitarbeiter. In dieser Zeit, als die Männer eingezogen waren, gewann die Arbeitskraft der Frauen, die bei Meyer schon immer einen hohen Stellenwert hatte, noch mehr an Bedeutung. So waren 1940 eine von vier Direktoren, drei von neun Prokuristen und sechs von siebzehn Handlungsbevollmächtigten weiblich.

Aber nicht nur in manchen Führungspositionen, auch in der Produktion wurde die Arbeit der eingezogenen Männer von Frauen übernommen. Das blieb nicht ohne Folgen für das Familienleben der Mitarbeiterinnen. So kam es, daß »durch den verstärkten Arbeitseinsatz von Frauen in erhöhtem Maße die Werkverpflegung in Anspruch genommen wurde«.[1] Für die Soldatenfrauen wurden weitere soziale Leistungen eingeführt. Der Betrieb gewährte »eine einmalige Unterstützung (...) im Rahmen unserer Kriegsfürsorge an bei uns tätige Frauen, deren – nicht in unserer Firma beschäftigten – Männer zum Heeresdienst eingezogen wurden. Alle Frauen, deren Ehemänner den grauen Rock tragen, nehmen an den aus unserer Werkküche verabfolgten Mittagsmahlzeiten unentgeltlich teil. Regelmäßige Sendungen von Feldpostkarten und Erfrischungen, Lektüre und aus besonderen Anlässen durch uns herausgebrachte Druckschriften tragen zur Aufrechterhaltung der engen Verbundenheit zwischen Front und Heimat bei.«[2]

Werkpausen-Konzerte verschiedener Musikkorps und natürlich die Weihnachtsfeiern – jetzt mit Soldaten-Ballett – sorgten für Zerstreuung. Meyer-Mitarbeiter schrieben von der Front Briefe und Gedichte an die Hauszeitschrift. Besonders in diesen Zeiten, als jeder mit der Unbill des Alltags zu kämpfen hatte, galt es, in der »Betriebsgemeinschaft« die Stimmung zu halten.

Während des Krieges war Meyer als »ernährungswirtschaftlich wichtiger Betrieb« eingestuft. Alle Meyer-Läden wurden nun zu Ausgabestellen für die kontingentierten Lebensmittel. In der Zentrale mußte erst ein Verwaltungsapparat für diese neuen Aufgaben eingerichtet werden: »Ich hab das alles organisieren müssen«, erzählt Herr Alfred Seelig, »wir hatten ein Bezugsscheinbüro eingerichtet. Dort mußten wir 80 Mitarbeiter einsetzen, um die ganzen Bezugsscheine aus 631 Läden zu übernehmen, zu sortieren und zentral abzurechnen. Die Regierung seinerzeit war froh, daß sie einen solchen Großbetrieb hatte; denn die kleinen Einzelhändler zu kontrollieren in der Abgabe von Lebensmitteln, war sehr viel schwerer als bei einem solchen Zentralbetrieb.« Neben der neu eingerichteten Abteilung für Feldpost-Päckchen stellten »die in Groß-Berlin vom Haupternährungsamt durchgeführten Sonderzuteilungen große Anforderungen an unsere Leistungsfähigkeit«, hieß es im Geschäftsbericht für 1943. Gegenüber der Spirituosenherstellung gewann in den Kriegsjahren der Lebensmittelbereich bei Meyer immer mehr an Bedeutung.

Der alte »Stary Wojak« und der neue »Alte Reiter« in der Schmuckflasche 1939

Nach den Erfahrungen des Ersten Weltkrieges, als die schlechte Versorgungslage zu Hungerkrawallen und Streiks geführt hatte, wußten die Nationalsozialisten um die Wichtigkeit der Ernährungslage für die Moral hinter den Fronten. Sie waren daher besonders um die Aufrechterhaltung einer geregelten Lebensmittelversorgung bemüht. Allerdings hatten sich die deutschen Hausfrauen bereits vor Kriegsbeginn als Folge der »Kanonen werden. Wenn es Leute gibt, die das nicht verstehen, – und es gibt solche, die z. B. Eier immer gerade dann haben wollen, wenn es gelegentlich nicht genug gibt – dann können Sie Ihre beratende Tätigkeit ausüben, indem Sie solche Kunden darüber unterrichten, weshalb ein Artikel im Augenblick gerade nicht zu haben ist, und ferner, indem Sie einen anderen Artikel anbieten, der den gleichen Zweck erfüllt. Nehmen Sie an, daß

statt Butter«-Politik an Engpässe gewöhnen müssen.

So mahnte Robert Melchers im Januar 1939 die Filialistinnen: »Bei der Beratung der Kunden können Sie auch eine Aufgabe erfüllen, die von besonderer allgemeiner Bedeutung ist. Wie Sie wissen, bringt es die Durchführung des großen Vierjahresplanes mit sich, daß gelegentlich, dieser oder jener Artikel fehlt. Das muß um des hohen Zieles wegen ertragen ein Südwein ausgeht. Dann müssen Sie den Käufern klarmachen, daß im Interesse unserer Nahrungsfreiheit der unbeschränkte Import von Südweinen jetzt nicht möglich ist, und müssen einen anderen Südwein oder süßen Fruchtwein empfehlen.«[3] Im Krieg wurde die Ernährungslage zum Barometer für Begeisterung oder Kriegsmüdigkeit der Bevölkerung; und das wurde sorgfältig beobachtet.[4] Wie auch ein amerikanischer Korrespondent beobachtete, war »für die Deutschen die Frage, die unweigerlich für ihre Moral entscheidend ist, die nach dem Brot«.[5] Bereits nach einem halben Jahr Krieg mußte das Deutsche Frauenwerk berichten, daß das viele Anstehen »im Verbraucher vielfach psychologisch den Eindruck (erwecke), daß alles doch sehr knapp sei, und der Einkauf heute einem Kampf ums Dasein gleichkomme.«[6]

Dennoch, verglichen mit der katastrophalen Lage im Ersten Weltkrieg, war die Ernährungslage im Zweiten lange Zeit noch relativ gut. Dies vor allem deshalb, weil »die eroberten Gebiete rücksichtslos zur Versorgung Deutschlands herangezogen wurden«.[7] »Über zwei Jahre konnte Deutschland die Auszehrung seiner Vorräte und den Verfall seiner Konsumgüterindustrie vor sich herschieben, indem es sich kurzerhand die Vorräte seiner Nachbarn aneignete.« »Trotz der unvermeidlichen Belastung der Konsumgüterproduktion durch das Wiederaufrüstungsprogramm und die Feldzüge, blieb die Heimatfront auf rätselhafte und beunruhigende Weise wohlversorgt. Ernährung und Kleidung waren nicht aufregend gut, sie waren ganz leidlich – und so war die Moral eben auch.«[8]

**Koem, als Spezial-Abfüllung für Feldpost-Päckchen 1940**

»So kam es, daß die ersten Auswirkungen des Krieges in Berlin nicht – wie üblich – Verfalls- und Mangelerscheinungen waren, sondern ein sprunghafter Anstieg des sichtbaren Wohlstandes.« »In kleinen Eckkneipen entdeckte man plötzlich Batterien von Armagnac, Martell und Courvoisier im Regal, die aus den Kellern des Maxim oder anderer Pariser Lokalitäten stammten. Jeder kleine Bürokrat der Hauptstadt konnte zum Essen eine stattliche Flasche besten französischen Champagners auffahren.«[9]

Mit dem Beginn des Rußlandfeldzuges sollte sich diese Situation schnell ändern. Nun wurden die Rationen zum ersten Mal gekürzt, und es

begann die Zeit der »rotierenden Schlangen« – ein Hausfrauentrick, wie man sich gleichzeitig an mehreren Schlangen anstellen konnte –, der Ersatznährstoffe und der Abstinenz.[10] »Zweifellos war es für die am Alkohol

**Plakat für eine Wein-Sonderzuteilung Herbst 1941**

hängenden deutschen Bürger die grausamste aller Einschränkungen, daß auch ihr Lieblingsgetränk aus den Kneipen und Läden verschwand. (…) Ein Luxus-Delikatessengeschäft am Kurfürstendamm hängte schließlich den ehrlichen Hinweis ins Schaufenster: ›Die Flaschen sind ausschließlich mit gefärbtem Wasser gefüllt und dienen nur zur Dekoration. Wir haben keinen Alkohol, bitte belästigen Sie deshalb nicht unser aufgrund des Krieges ohnehin zu knappes Personal.‹«[11] Ob unser amerikanischer Reporter auf seinem Bummel bei Meyer vorbeigekommen war?

Wie schon im Ersten Weltkrieg appellierte man auch nun wieder an die Hausfrauen und ihre Bereitschaft zum

Verzicht. Ihnen blieb kaum etwas anderes übrig als das Heldentum, mit dem die miserable Lage verbrähmt wurde: »Schließlich dienen alle unsere Opfer ja einem großen Ziel, das das Opfer wert ist. Und je disziplinierter wir uns heute verhalten, um so größer ist unser Triumph. (…) Am Kochtopf und im Haushalt helfen wir Frauen den Krieg gewinnen!«[12] Daß die Meyer-Verkäuferinnen ihre Lage wesentlich pragmatischer betrachteten, läßt sich aus den Rundschreiben

schließen, die an sie gerichtet wurden: »Es ist verboten und strafbar, wenn die verknappten Waren zu Tauschgeschäften benutzt werden, womöglich, um sich eigene Vorteile zu verschaffen. Die Verkäuferin kennzeichnet sich selbst und schaltet sich aus unserer Betriebsgemeinschaft aus, die nur darauf bedacht ist, die verknappte Ware an ihre besonderen Freunde und vielleicht an den Fleischer, den Bäcker, den Gemüsehändler, den Geflügel- und Räucherwarenhändler aufzuteilen und die berufstätigen Hausfrauen mit der Bemerkung abspeist. ›Es ist wieder nichts mitgekommen! Wir haben Sekt und Wein schon seit Monaten nicht mehr erhalten!‹ und dergleichen mehr.«[13] Doch der Hunger war oft stärker. Dank der oben beschriebenen Methoden, so wird häufig berichtet, hat »die Meyer-Filiale uns über den Krieg gebracht«. Im Laufe des Jahres 1943 nahmen die Bombenangriffe auf Berlin immer mehr zu. Damit waren auch die Anla-

gen von Hermann Meyer & Co. gefährdet: »In der Wattstraße waren wir zu nah bei der AEG Brunnenstraße. Wir mußten damit rechnen, daß wir bei der Lage eines Tages doch was abkriegten.«[14] Am 22., 23. und 26. November 1943 fanden mit die schwersten Bombardements auf Berlin, vor allem auf die nördlichen Bezirke, statt. Dabei wurden auch die Gebäude der Hermann Meyer & Co. in der Wattstraße zu 85 Prozent zerstört. Ihre Produktionsanlagen waren der totalen Zerstörung nur knapp entgangen. Einige Monate zuvor, im Sommer 1943, hatte man begonnen, den Betrieb aus Berlin auszulagern. Insgesamt 29 Ausweichlager für Waren, Rohstoffe und Maschinen wurden eingerichtet. Die Verwaltung wurde in ein ehemaliges Möbelhaus in der Badstraße und in das Erholungsheim nach Fürstenberg verlegt. Etwa 26 bis 30 meist weibliche Arbeitskräfte arbeiteten in Fürstenberg und waren in den beiden Gebäuden des Erholungsheimes und in einer Arbeitsdienst-Baracke untergebracht.[15] Die Herstellung der Obst- und Gemüsekonserven, des Trockengemüses und der Marmeladen übersiedelte in die Konservenfabrik von Dr. Franz Uhlmann nach Gransee, nördlich von Berlin. Die Maschinen zur Spirituosen-Herstellung wurden dort eingemottet. Im September wurden an das kleine Fabrikgebäude zwei Baracken angebaut. Eine für die etwa 40 Arbeiter, die aus Berlin mitgekommen waren, eine andere für die Küche und den Speisesaal für die Belegschaft. Im Oktober 1943 konnte dort wieder mit der Produktion begonnen werden.

Als Ersatz für die meist weiblichen Hilfskräfte kamen etwa 40 polnische Zwangsarbeiter und Zwangsarbeiterinnen in den Meyer-Betrieb nach Gransee. Ihnen diente der Dachboden des Fabrikgebäudes als Unterkunft. Über ihre Behandlung schreibt Frau Charlotte Wolf, die Witwe des damaligen Betriebsleiters Hellmuth Wolf: »Das gleiche Essen bekamen die Deutschen und die Polen gleichzeitig. Daß die Polen wie die Deutschen gleichmäßig behandelt wurden, war damals – leider – nicht überall selbstverständlich. Im Winter 1944/45 gebar eine Polin ein Kind. Mein Mann zeigte das nicht an, so konnte sie es bis zur Befreiung groß ziehen.«[16]

Es scheint, in einem so kleinen Betrieb und auf so engem Raum konnte und wollte man die zahlreichen Vorschriften nicht einhalten, die die Lebensbedingungen der »Ostarbeiter« erheblich verschlechtert hätten. Zumal, wie Erfahrungen aus anderen Betrieben damals bereits gezeigt hatten, gute Behandlung auch gute Arbeit erwarten ließ.[17] Und mit der konnte Meyer dem Vernehmen nach zufrieden sein. Spätestens beim Lohn wird die Gleichbehandlung jedoch ihre Grenzen gefunden haben, von Arbeitszeitregelungen oder Urlaub ganz zu schweigen. Alle Anträge der Betroffenen auf nachträgliche Entschädigungszahlungen für die ihnen vor allem von der Rüstungsindustrie abgezwungene Arbeitsleistung wurden bisher von deutschen Gerichten abgelehnt.

Mehr Gerechtigkeitssinn zeigten die polnischen Zwangsarbeiter von Meyer bei ihrer Befreiung 1945. Noch einmal Charlotte Wolf: »Aus Sicherheitsgründen gingen wir mit meiner Mutter und den beiden Kindern für sechs Tage in den Wald. Unsere zwei Zimmer und der Keller waren in der Zeit offen. Die Polen, die am 30.April 1945, einem Tag nach unserem Weggehen, frei waren, holten sich aus unserer Wohnung und dem Keller nur das , was sie selbst gebrauchten. Aber kein Pole zerstörte oder demolierte etwas in den Räumen. Sogar Tisch- und Bettwäsche ließen sie im Keller. Sie nahmen nur Anzüge, Kleider, Schuhe u.s.w. mit. Aber das alles zeigt, daß sie trotz

Gefangenschaft als Menschen behandelt worden waren und deshalb ihre Handlung so ausfiel.«

Als sich dies zutrug, war Gransee bereits von Berlin abgeschnitten. Zur Verwaltung nach Fürstenberg gab es ebenfalls keine Verbindung mehr. In den letzten Kriegstagen hatten Herr Janeck und Herr Seelig noch einmal versucht, nach Berlin durchzukommen, aber sie mußten wieder umkehren und verabredeten, »daß Herr Janeck den Betrieb in Gransee und ich die zentrale Verwaltungsstelle in Fürstenberg halten sollten, um sofort die Möglichkeit eines Wiederanfangs zu haben.«[18]

Die
Konservenfabrik
Dr. Uhlmann in
Gransee
um 1943

1 Robert Melchers & Co. A.G., Geschäftsbericht für 1942.
2 Meyer meint, Sondernummer Front und Heimat, 1. 12. 1940, S. 132.
3 Die Meyer-Filialistin, Januar 1939, S. 4.
4 Rundschreiben des Provinzial Ernährungs-Amtes vom Februar 1940, Landesarchiv Berlin, Pr. Br. Rep. 57, Nr. 512.
5 Howard K. Smith, Feind schreibt mit. Ein amerikanischer Korrespondent erlebt Nazi-Deutschland, Frankfurt am Main 1986, S. 101.
6 Deutsches Frauenwerk an Provinzial Ernährungs-Amt vom 8.3.1940, Landesarchiv Berlin, ebd.
7 Hermann Kellenbenz, Deutsche Wirtschaftsgeschichte, Bd.2, Vom Ausgang des 18. Jahrhunderts bis zum Ende des Zweiten Weltkrieges, München 1981, S.457f.
8 Smith, a. a. O., S. 101f.
9 ebd., S. 102.
10 ebd., S. 104.
11 ebd., S. 113.
12 Edith-Sylvia Burgmann, Gut gekocht – Gern gegessen. 444 Rezepte und Ratschläge für die sparsame Zubereitung nahrhafter und wohlschmeckender Gerichte im Krieg, Berlin 1940, S. 10–13.
13 Der Name verpflichtet, Hausmitteilung der Robert Melchers & Co. A.G., um 1942, Archiv Berlin Museum.
14 Mitteilung von Herrn Alfred Seelig.
15 Hermann Meyer & Co. A.G. Geschäftsbericht 1950, S. 5.; Alfred Seelig, Meyer, Stunde Null, Typoskript, Archiv Berlin Museum.
16 Schriftliche Mitteilung von Frau Charlotte Wolf vom 24.1.1990.
17 Herbert, a. a. O., S. 230f, 263–269, 287f; Sachse, a. a. O., S. 110–115, 171.
18 Alfred Seelig, Meyer, Stunde Null, Typoskript, Archiv Berlin Museum.

Polnische Zwangsarbeiterinnen bei der Abfüllung von Trockengemüse um 1944

Eine zerstörte
Meyer-Filiale,
vermutlich
Usedomstraße,
Wedding
1943

# 16.

# Никакой Праздник без Мейера*

Wie in den Tagen zwischen Krieg und Frieden Ende April 1945 die Belegschaft sich durchschlug und in den folgenden Wochen und Monaten der Betrieb wieder in Gang gebracht wurde, berichtet Alfred Seelig.[1] In den letzten Tagen und Wochen des Weltkrieges arbeitete man in der nach Fürstenberg ausgelagerten Verwaltung am Jahresabschluß für 1944. »In den Tagen zwischen 12. und 19. April 1945 wurden große Herden von Rindvieh aus den Ostprovinzen durch Fürstenberg in Richtung Schleswig Holstein getrieben, um sie vor den Russen in Sicherheit zu bringen. (…)

Ich hatte am 25. April 1945 von dem von uns im Schloß Neustrelitz eingerichteten Ausweichlager über 2000 Flaschen von Schloßabzügen französischen Rotweins in das Erholungsheim geholt, so daß es mir gelang, gegen entsprechenden Wein ein frisches Rinderviertel sowie zwei lebende Kühe einzutauschen, weil ich mir als Verantwortlicher Gedanken machen mußte, wie ich die mir anvertrauten Mitarbeiter über die zu erwartende Zeit der Mangel-Versorgung mit Lebensmitteln hinwegbringen konnte. Etwa 1700 Flaschen des erwähnten Rotweins ließ ich durch unsere Filialleiterin von Fürstenberg vor der Filiale auf dem Marktplatz von Fürstenberg für jeweils RM 10,— je Flasche an die durchziehenden deutschen Soldaten verkaufen, um etwas Geld für die erste Zeit in die Hand zu bekommen. (…) Am 28. und 29. April zog die SS, die mit dem Reichsführer SS, Heinrich Himmler ein Hauptquartier in Fürstenberg hatte, in Richtung Schleswig-Holstein ab. Eine Anzahl von Mitarbeitern in der zentralen Verwaltungsstelle nahm die Gelegenheit wahr mitzufahren, weil sie doch Angst vor der zu erwartenden russischen Besatzung hatten.

Am 30. April hängten wir weiße Tücher zu den oberen Fenstern des Erholungsheimes heraus, um anzuzeigen, daß es sich bei uns nicht um kämpfende deutsche Truppen handelte. (…) Nachdem die Russen, die der kämpfenden Truppe angehörten, vorbeigezogen waren, kamen am Nachmittag andere russische Soldaten, die uns weitgehend von Wertsachen, insbesondere Uhren, befreiten und auch die 300 frischen Eier mitnahmen, die ich vorher in der Fürstenberger Filiale für die Mitarbeiter sichergestellt hatte. (…) Die Russen

**Sowjetische Soldaten beim Feiern 1946**

hatten inzwischen in Fürstenberg eine Kommandantur (am Marktplatz) und mit Häftlingen aus dem in der Nähe gelegenen Konzentrationslager Ravensbrück eine erste Zivilverwaltung eingerichtet. Anfang Mai gaben sie bereits Lebensmittelkarten für die registrierte Zivilbevölkerung aus. Ich ging am 3. Mai 1945 mit einer weißen Armbinde, auf einen Stock gestützt, den einstündigen Fußweg am See entlang nach Fürstenberg hinein und meldete eine Familie Seelig mit 32 Köpfen für das Erholungsheim an (wir hatten inzwischen auch noch Flüchtlinge aus Ostpreußen aufgenommen), nachdem wir beschlossen hatten, eine Gemeinschaftsverpflegung in der vorhandenen Werkküche

* Keine Feier ohne Meyer

einzurichten und alle beschaffbaren Lebensmittel gleichmäßig auf die Bewohner des Heims aufzuteilen. Bald konnten wir mit einem Handwagen aus den wieder in Gang gekommenen Bäckereien die uns zustehenden Brote abholen. In einer der ersten Nächte gingen der Ostpreuße und ich in den Wald, obwohl für die Deutschen Sperrstunden bestanden, um für die Gemeinschaftsverpflegung etwas von den Lebensmitteln zu bergen, die die vorher durchgezogenen Uckermärker Bauern zurückgelassen hatten, als sie Hals über Kopf vor den Russen flohen.

Da wir keine Verbindung nach Berlin hatten, überlegte ich, wie wir unser Unternehmen fortsetzen könnten. Wir arbeiteten vormittags weiter in der Buchhaltung am Jahresabschluss für 1944, und nachmittags bauten wir gemeinsam auf dem Gelände des Heims Gemüse an, für das wir uns — im Tausch gegen Wein — in Fürstenberger Gärtnereien entsprechende Pflanzen besorgten. Nachdem die Russen freudig sagten, daß am 8. Mai 1945 der ›Woyna kaputt‹, das heißt der Krieg zu Ende war, versuchte ich, Verbindung mit der russischen Kommandantur in Fürstenberg aufzunehmen. Einen ehemaligen Häftling aus Ravensbrück, der russisch sprach, gewann ich als Dolmetscher und trug dem Kommandanten den Gedanken vor, den Betrieb in Gransee für die Herstellung von Konserven und Marmeladen für die deutsche Zivilbevölkerung und eventuell für die russische Besatzung zu aktivieren. Der Kommandant schrieb sich diese meine Gedanken auf und versprach darauf zurückzukommen.‹‹

In den nächsten Tagen machte sich Alfred Seelig auf nach Gransee, wo er den Betrieb von russischen Soldaten besetzt, aber intakt vorfand, und nach Berlin in das Bürohaus in der Badstraße. Mit den Mitarbeitern, die er dort antraf, wurde das weitere Vor-

gehen besprochen. »Die noch verbliebenen Verkaufsstellen waren in die dezentralisierte Lebensmittelversorgung der Berliner Bevölkerung dergestalt einbezogen worden, daß die einzelnen Filialleiter, in der Hauptsache Frauen, die Lebensmittel von den bezirklichen Großlägern mit Handwagen abholten und gegen entsprechende Lebensmittelkarten-Abschnitte zu den bisher gültigen Preisen verkaufen mußten. Um die Freigabe der Wattstraße zu erreichen, lief ich mit meiner Mitarbeiterin Frau Wilson in den nächsten beiden Wochen von Kommandantur zu Kommandantur. Eine Kommandantur verwies uns immer auf die andere, so daß mir schließlich Anfang Juni in der Kommandantur Pankow der Kragen platzte und ich mit der Faust auf den riesigen mit einem roten Tuch bespannten Schreibtisch des Kommandanten schlug, so daß das Tintenfaß umfiel, und endlich lautstark eine klare Stellungnahme forderte. Der Kommandant sah mich erstaunt mit großen Augen an und erklärte uns dann schließlich, daß wir nach dem Abtransport der letzten Weine wieder in die Wattstraße durften.

Am 30. Juni 1945 trugen meine Gespräche mit dem Kommandanten in Fürstenberg insofern Früchte, als der sogenannte Kriegshandel 16 veranlaßt wurde, den Betrieb Gransee mit einem 1000-Tonnen-Vertrag zur Herstellung von Spirituosen, Weinen und Säften, Konserven und Marmeladen zu beauftragen. (…) In den folgenden Tagen machte ich mir in Berlin ein Konzept für die Produktion in Gransee (… und) fuhr schließlich am 22.7.1945 (…) wieder mit einem russischen LKW nach Gransee, wo mich der Major Ustimienkow vom Kriegshandel 16 bereits erwartete. Mein Hauptanliegen war, eine vertragliche Vereinbarung dahingehend zu erreichen, daß uns bestimmte Anteile an der Produktion zur freien Verfügung stehen sollten, da ich mit Hilfe dieser

Anteile sowohl den Granseer Betrieb besser ausstatten als auch den Berliner Betrieb wieder arbeitsfähig machen wollte. An den beiden Tagen verhandelten wir insgesamt 23 Stunden. Viermal setzte der Major die Mütze auf, brach die Verhandlungen ab und ging fort. Schließlich kam es dann am 23. Juli 1945 beim fünften Anlauf gegen 23 Uhr zum Abschluß von drei Verträgen, in denen ich meine Wünsche weitgehend durchsetzen konnte. Wir erhielten von allen hergestellten Spirituosen 10 Prozent, von Marmeladen 15 Prozent und von Konserven 20 Prozent der Produktion zur freien Verfügung. Dazu muß festgestellt werden, daß in der sowjetisch besetzten Zone zunächst alle landwirtschaftlichen Betriebe, z. B. Obst- und Gemüseplantagen, Spritbrennereien, Zuckerfabriken u.s.w. unter russischer Besatzung standen und deren Erzeugung voll für die Versorgung der Roten Armee und zum Abtransport nach Polen und Russland in Anspruch genommen wurde. Von Fall zu Fall (…) wurden bestimmte Kontingente zur sehr mäßigen Versorgung der deutschen Zivilbevölkerung abgezweigt. Der Sachbearbeiter im Kriegshandel 16 unter Major Ustimienkow, Kapitän Nikitin, sagte mir später einmal: ›Gospodin (d.h. Herr, I.B.) Seelig, diese Verträge hättest Du von mir nie bekommen!‹ ‹‹

»In den folgenden Tagen wurde das für die Produktion erforderliche Personal aus Berlin nach Gransee versetzt. (…) Die für die Herstellung von Spirituosen erforderlichen Zusatzgeräte wurden in Berlin zusammengesucht, instandgesetzt und mit Hilfe russischer LKWs nach Gransee geschafft, so daß bereits Anfang August die Produktion aufgenommen werden konnte. (…) Ende 1945 wollte der Verpächter, Dr. Franz Uhlmann, seinen Betrieb wieder für eigene Zwecke zurückhaben, so daß wir in der Mark Brandenburg auf die Suche nach einer anderen Produktionsstätte gingen. Durch die Kreiskommandantur in Neuruppin wurde ich auf die ehemalige Munitionsfabrik des Poltekonzerns in Grüneberg/Nordbahn aufmerksam gemacht. (…) Es gelang mir, die Genehmigung für die Nutzung dieser Fabrik zu erhalten, mit der Maßgabe, daß wir durch eigene Fachkräfte die Demontage der bisherigen Maschinen vornehmen und diese in einer weiteren Halle zum Abtransport nach Rußland bereitstellen sollten. Wir fingen sofort damit an, wurden jedoch einige Tage später durch ein sogenanntes Beutekommando wieder verjagt. (…) Die zum Abschluß vorgesehene Sprengung des Gesamtgeländes konnte ich mit Hilfe entsprechender Mengen von Spirituosen verhindern. Wir haben dann dieses Werk zu einer mustergültigen Fabrik für die Herstellung von Spirituosen, Konserven, Marmeladen und Trockengemüse und für die Verarbeitung von Kartoffeln ausgebaut. Es wurde für die Versorgung der Roten Armee und des zivilen Sektors der Mark Brandenburg in den folgenden Jahren mit entsprechenden Produktionsauflagen beauftragt. (…) In Fürstenberg hatte ich Kapitän Nikitin gebeten, befreundete Dienststellen der Roten Armee in Berlin darauf aufmerksam zu machen, daß wir auch in Berlin demnächst produzieren könnten, obwohl die maschinellen Voraussetzungen vorerst nicht gegeben zu sein schienen. Diese Bitte hatte insofern Erfolg, als ich von Major Gorski am 6. August 1945 aufgefordert wurde, mit ihm über einen Produktionsauftrag für den Kriegshandel 78 zu verhandeln. (…) Am 8. August wurde ein Arbeitsplan aufgestellt, nach dem die Produktionsräume und die erforderlichen Maschinen wiederhergestellt werden sollten.«

»Etwa Mitte August besuchte mich in der Wattstraße ein Beauftragter des MWD und holte mich zum Hauptquartier. Dort sprach mich Oberstleutnant Iwliew als Spezialisten für die

Herstellung von Spirituosen an und zeigte mir ein im Hof dieses Komplexes liegendes Faß. Ich ließ das Faß aufmachen und sah, daß es sich um ein Puncheon mit 76-prozentigem Original-Jamaica-Rum des Juchtentyps handeln mußte. Ich erklärte ihm,

Der Betrieb von Hermann Meyer & Co. in der ehemaligen Munitionsfabrik in Grüneberg/ Nordbahn 1947

Möhren lagern auf dem Fabrikhof und werden zur Weiterverarbeitung gewaschen 1947

daß ich für ihn mit entsprechendem Sprit und Zucker unter Verwendung von bei uns noch vorhandenem Kirschmuttersaft einen ausgezeichneten Likör ›Kirsch mit Rum‹ machen lassen könnte. Er gab mir eine Flasche des Rums sowie einen Liter Sprit und ein Kilo Zucker mit, um entsprechende Proben herstellen zu können. Unser Betriebsleiter stellte gemeinsam mit dem Destillateur den entsprechenden Kirsch mit Rum her, den ich in drei Riffelflaschen mit eingeschliffenen Glas-

und Anhänge-Ettiketten hatten wir noch in einem unserer Berliner Ausweichläger vorgefunden. Bereits drei Tage später brachte ich diese drei Flaschen zu Oberstleutnant Iwliew, der sie mit einer Anzahl Offiziere des

mengen zugeteilt erhielten, wobei der bei ihm vorgefundene Rum verwendet werden würde.

Nach einer sofortigen Rücksprache mit dem General erteilte er mir sofort den Auftrag und bat um Lieferung bis 10. September und ließ das Puncheon Originalrum durch einen russischen LKW in die Wattstraße schaffen. Wie Oberstleutnant Iwliew mir später sagte, wurden 3000 Flaschen dieses Kirsch mit Rum von ›Germann Meyer‹ nach Moskau geschickt und sollen dort im Herbst 1945 durch Stalin an verdiente Generäle und Marschälle verteilt worden sein.«

**Die Getränke-produktion in Grüneberg: Schaumwein- oder Mineralwasser-herstellung (oben) Verkorken der Flaschen (links) Etikettieren der Flaschen (rechts) 1947**

stöpseln abfüllen und mit einem besonderen Ettiket ausstatten ließ, so wie diese Likörsorte noch 1939 vor Kriegsbeginn bei uns entwickelt worden war. Etwa 3500 Riffelflaschen mit den entsprechenden Glasstöpseln

MWD verkostete und sich begeistert über den Geschmack und das Aussehen der Flaschen äußerte. Ich erklärte ihm, daß wir 3300 Flaschen so ausgestattet liefern könnten, wenn wir die entsprechenden Sprit- und Zucker-

»Da alle Mitarbeiter, ganz gleich ob Angehörige der Geschäftsleitung, der Produktion oder der Verwaltung (…) den festen Willen hatten, die gemeinsame Arbeitsheimat (…) wiederaufzubauen, wurde die Arbeit mit großem Elan angepackt. Alle vorerst noch so schwierig erscheinenden Probleme wurden einer Lösung zugeführt, so daß die Schäden in der Wattstraße im wesentlichen bald behoben oder gemildert werden konnten. Dabei leisteten die von mir in Gransee vertraglich vereinbarten Kontingente insofern gute Dienste, als ich mit ensprechenden ›Propusken‹ (d. h. Passierscheinen, I.B.) von Kapitain Nikitin Spirituosen in den französischen Sektor von Berlin schaffen konnte, die dann gezielt im Tausch gegen benötigte Materialien eingesetzt wurden. (…) Zum Abschluß der Aufbauperiode kann festgestellt werden, daß Meyer Ende 1946 sowohl in Berlin wie in Grüneberg ein gut funktionierender und rentabler Produktionsbetrieb war, der hohes Ansehen bei den Dienststellen der SMA wie der Deutschen Wirtschaftskommission genoß. Es war eine verschworene Gemeinschaft aller Mitarbeiter, die sich den Wiederaufbau vorgenommen hatte.«

1 Zusammengestellt aus: Alfred Seelig, Meyer, Stunde Null, Typoskript, 8 S., Archiv Berlin Museum.

ЛИКЕР

АБГАЙ

0,7    40º

СОДЕРЖИТ САХАР
300 ГРАММ НА ЛИТР.

**Abtei-Likör
Spezial-Abfüllung
für die sowjetische
Armee
um 1947**

## 17.

# »Fehl-
# mengen«

Ein Teil dieses Neuanfangs war auch, daß auf einer außerordentlichen Hauptversammlung am 30. Oktober 1945 beschlossen wurde, den alten Namen des Unternehmens wiederherzustellen und Robert Melchers von seinem Posten als Vorsitzender des Vorstandes zu suspendieren. Er beging am 1. Mai 1946 in Haller am Haldensee in Tirol, wohin er sich gegen Ende des Krieges zurückgezogen hatte, Selbstmord. Auch Dr. Ernst Nölle und Dr. Karl-Heinz Heuser wurden im August 1945 wegen ihrer Parteimitgliedschaft in der NSDAP aus dem Aufsichtsrat abberufen. Dem neuen Vorstand gehörten Eduard Walla, Alfred Seelig und Bertha Bajenski an. Als Aufsichtsratsvorsitzender wurde Jaques Ber-Lemsdorf neu bestellt.[1] Der Ruf, eine »Göring-Firma« zu sein, hing dem Unternehmen jedoch weiterhin an. Die Zeitung »Das Volk« berichtete am 5. Oktober 1945: »Die am 28. September stattgefundene Sitzung des Betriebsrates mit den Vertrauensleuten nimmt mit Verwunderung Kenntnis von den böswilligen Gerüchten, daß der (sic!) Firma Meyer ein Nazi-Betrieb gewesen sei und noch ist. Sie erklären, daß solche Behauptungen eine böswillige Verleumdung darstellen. Nach Erklärung der Betriebsleitung und des Betriebsrates waren bei einer früheren Belegschaftsstärke während des Hitler-Regimes von 1200 Personen nur 16 Pgs beschäftigt, davon keiner in der Geschäftsleitung. Sämtliche Pgs sind nach dem katastrophalen Zusammenbruch und der Kapitulation von der Betriebsleitung und der Betriebsvertretung restlos entfernt worden. Auch in den Filialbetrieben sind keine früheren Pgs mehr beschäftigt. Der Betriebsrat und die Funktionäre weisen darauf hin, daß der Betrieb hundertprozentig gewerkschaftlich organisiert sei.«

Vom 29. Januar 1946 bis 31. Juli 1949 war die Zentrale der Hermann Meyer & Co. A.G. in der Wattstraße der Vermögenskontrolle der französischen Militärverwaltung unterstellt, entsprechend dem Kontrollratsgesetz Nr. 52, das die Beschlagnahme des Vermögen der NSDAP, ihrer Gliederungen und von einem Kreis ihrer Mitglieder regeln sollte.[2]

Umso wichtiger war es daher, die guten geschäftlichen Beziehungen mit der Sowjetschen Militär-Administration (SMA) weiter auszubauen. 1947 gründete Meyer eine Tochterfirma in der Lichtenberger Rittergutstraße 40 . Ein guter Standort, denn in unmittelbarer Nähe befand sich das von der SMA verwaltete Spiritus-Monopolamt. Als die Versorgung der Angehörigen der Roten Armee organisiert werden sollte, griff die SMA ebenfalls auf die bewährte Zusammenarbeit mit Meyer zurück. Im Februar 1947 wurde ein Vertrag zwischen der Ernährungsabteilung »Achu« des Stabes der SMA und Meyer geschlossen, nach dem Meyer die Versorgung der russischen Verbraucher mit Lebensmitteln übernehmen sollte. Mehrere große Magazine und Läden wurden in Karlshorst, Wendenschloß, Weißensee und Stadtmitte eingerichtet. Die »Achu« lieferte die Waren an Meyer, der sie dann auf Lebensmittelkarten an die Armeeangehörigen ausgab. Ein hochkompliziertes System von Lieferscheinen war dafür nötig. Das Durcheinander, das dabei entstand, etwa wenn für nicht Vorhandenes Austauschwaren ausgegeben wurden oder am Ende des alten Monats schon die Marken des neuen angenommen wurden, machte es schwer, den Überblick über die »Warenbewegungen« zu behalten. So kam es dazu, daß erhebliche »Fehlmengen« zu beanstanden waren. Rund 1100 kg Wurst und 1600 kg Fleisch hatten zwischen März und Oktober 1947 auf ungeklärte Weise die Besitzer gewechselt.

Schwarzmarkthandel am Potsdamer Platz, im Hintergrund die Ruine des Columbus-Hauses 1945

»Wenn auch die Möglichkeit, daß Veruntreuungen vorgekommen sind, nicht von der Hand zu weisen ist, so lassen sich hierfür schlüssige Beweise heute nicht mehr erbringen«[3], mußte am Ende der Untersuchung festgestellt werden. Gegen Hunger und Schwarzmarkt waren Wirtschaftsprüfer machtlos.

Die Diskrepanz zwischen den Preisen auf dem offiziellen und dem schwarzen Markt läßt erahnen, wie es um die Lebensmittelversorgung bestellt war. So lag beispielsweise der offizielle Preis für ein Kilo Zucker, wenn es ihn denn gab, bei 1,07 RM. Auf dem Schwarzmarkt hatte der Preis sich zwischen 120 und 180 RM eingependelt. Eine Flasche Wein war mit 2,00 RM veranschlagt, zu haben war sie nicht unter 30 bis 40 RM.[4]

Unter diesen Verhältnissen erlag so manch eine(r) der Versuchung, etwas »abzuzweigen«, und mußte es teuer bezahlen. So etwa Frau A., die wegen einer »Fehlmenge« von 6,167 kg Zwieback und dem »unerlaubten Vorgriffsverkauf« von 2,080 kg Keksen zu einer Ordnungsstrafe von 150 Mark verdonnert wurde. Schlimmer ging es Frau G.; 10 kg Nährmittel machten das Maß voll. »Auf Grund der bereits früher festgestellten Differenzen on obigem Geschäft haben wir Frau G. nahegelegt, ihre Stellung bei uns aufzugeben. Sie scheidet nunmehr am 31.7.48 aus unseren Diensten aus mit der Verpflichtung, die zum Laden gehörende Dienstwohnung beschleunigt zu räumen, damit die neue Verkäuferin die Sicherung der Lebensmittelbestände alleinverantwortlich übernehmen kann.«[5] Für kulinarische Experimente war in diesen Zeiten sicher kein Platz, aber auch die Bemühungen, mit dem knappen Vorhandenen phantasievoller umzugehen, wurden von den Ernährungsbürokraten nicht honoriert. Meyers Kantinenkoch nahm, »um etwas Abwechslung in den Küchenzettel zu brin-

gen,«[6] Mehleinsparungen vor. Dadurch hatten sich mit der Zeit 74 kg und 420 g Mehl angesammelt, die die Firma nun vom Ernährungsamt gutgeschrieben haben wollte. Das Ernährungsamt jedoch verfuhr nach der Devise »gegessen wird, was auf den Tisch kommt«. Die Prozedur, die nötig war, um das Mehl drei Monate später, als die Kartoffeln knapp geworden waren, wiederzubekommen, ist kaum zu beschreiben.

In diesen Jahren waren die Meyer-Läden Ausgabestellen für die rationierten Lebensmittel. Der Betrieb in Grüneberg stellte Konserven und Trockengemüse her. Auch die Fabrik in der Wattstraße war inzwischen so weit wieder hergerichtet, daß dort Marmelade und Konserven gekocht werden konnten. Der Hauptabnehmer war die Rote Armee. Im großen und ganzen scheint die Zusammenarbeit mit den sowjetischen Stellen relativ gut funktioniert zu haben. Jedenfalls machte Meyer 1946 und 1947, gemessen an den Umständen, gute Umsätze. Erst 1948 sollte durch Blockade und Zwangsverwaltung (Sequestrierung) zu einem schwarzen Jahr werden. Von über 100 Millionen Reichsmark fiel der Brutto-Umsatz um das fünffache auf circa 20 Millionen Reichsmark.[7] In den ersten Nachkriegsjahren hatte Meyer vor allem in die Betriebe in Lichtenberg und Grüneberg investiert. Umso härter traf das Unternehmen die Beschlagnahme des Betriebes in Lichtenberg und der Verkaufsstellen im April 1948. Zwar war es Meyer zunächst noch gelungen, »im Benehmen mit dem Verband der Berliner Konsumvereine in Untertreuhänderschaft für diesen die Geschäfte in den Verkaufsstellen weiterzuführen, doch fand diese Zusammenarbeit im Juli 1948 ihr Ende.«[8] Den Betrieb in Grüneberg versuchte man für das Unternehmen zu retten, indem man ihn in die »Grüneberger Konserven- und Likörfabrik G.m.b.H.« umwandelte. Anteilseigner dieser Gesellschaft

waren zu 40 Prozent die Belegschaft und zu 60 Prozent einige dem Unternehmen nahestehende Personen. Die Umwandlung sollte den Zweigbetrieb nicht mehr als Meyer-Betrieb erscheinen lassen. Ein knappes halbes Jahr lang konnte man außerhalb des von der Blockade abgeschnittenen West-Berlin noch weiterarbeiten. Im November wurde jedoch auch diese Tochterfirma unter Zwangsverwaltung gestellt. Nach der Blockade wurde »das im sowjetischen Besatzungssektor gelegene und auf Grund des Befehls Nr.124 der SMA beschlagnahmte Vermögen zum Zweckvermögen erklärt«, »aufgrund des Gesetzes des Magistrats von Groß-Berlin vom 8. Februar 1949 zur Einziehung der Vermögenswerte der Kriegsverbrecher und Naziaktivisten enteignet« und »in das Eigentum des Volkes« überführt.[9]

1 Deutsche Treuhand-Gesellschaft Berlin, Akte Nr. 734, Prüfbericht Hermann Meyer & Co. A.G., Zentrale, zum 8. Mai 1945.
2 Deutsche Treuhand-Gesellschaft Berlin, Akte Nr. 747, Prüfbericht Hermann Meyer &. Co.A.G., Zweigbetrieb Grüneberg und Zentrale, 1948; Wolfgang Ribbe (Hg.) Geschichte Berlins, Bd. 2, Von der Märzrevolution bis zur Gegenwart, Berlin 1987, S. 1049.
3 Deutsche Treuhand-Gesellschaft Berlin, Akte Nr. 754, Sonderprüfung Hermann Meyer G.m.b.H., Berlin Lichtenberg, 16.1.1948.
4 Preise für 1947 und 1946/47 nach: Wolfgang Protzner, Vom Hungerwinter bis zum Beginn der ›Freßwelle‹, in: ders. (Hg.): Vom Hungerwinter zum kulinarischen Schlaraffenland. Aspekte einer Kulturgeschichte des Essens in der Bundesrepublik Deutschland, Wiesbaden 1987, S. 18.
5 Hermann Meyer & Co. A.G. an das Bezirksamt Wedding, Abteilung Ernährung, vom 19.7.1948, Landesarchiv Berlin, Rep. 203, Acc. 718, Nr. 5111.
6 Briefwechsel zwischen Hermann Meyer & Co. A.G. und dem Bezirksamt Wedding, Abteilung Ernährung vom 18.3.1947 bis 5.6.1947, Landesarchiv Berlin, ebd.
7 Deutsche Treuhand-Gesellschaft Berlin, Akte Nr. 747, Prüfbericht Zweigbetrieb Grüneberg und Zentrale, 1948.
8 ebd.
9 Handelsregister, Rat des Stadtbezirks Berlin-Mitte, HRB 4440, dort mit dem Datum 25. Juli 1949. An anderer Stelle: Betrieb Gransee September, Betrieb Lichtenberg Januar, Filialen Dezember 1949. Der Befehl Nr. 124 der SMA entsprach dem Gesetz Nr. 52 der Westalliierten, vgl. Ribbe, a.a.O., Anm. 77.

**Die Zentrale in der
Wattstraße
um 1950**

## 18.

# Der zweite Neuanfang

Nach der Enteignung seiner Betriebe in Ost-Berlin und der DDR mußte Meyer mit dem zweiten Wiederaufbau der Firma beginnen. Insgesamt wurden die Kriegs- und Nachkriegsverluste auf 15 Millionen Reichsmark beziffert. Für 1949/50 berichtet die Unternehmensleitung von außerordentlich schweren Belastungen. »Die Geschäftstätigkeit ware zum Erliegen gekommen, wenn nicht die französische Militärregierung den Bezug von Sprit aus dem Ostsektor und der Sowjetzone gestattet hätte. Dadurch war es möglich, unter großen finanziellen Opfern fast die ganze Belegschaft weiter zu beschäftigen.«[1] An die in Ost-Berlin wohnenden und in West-Berlin arbeitenden Mitarbeiter wurden die Löhne damals zu einem Viertel in West- und zu drei Vierteln in Ost-Mark ausgezahlt. 223 Angestellte, 226 Arbeiter und 317 Verkäuferinnen, 111 davon allerdings in beschlagnahmten Verkaufsstellen, zählte das Unternehmen 1948.[2]

Mit der Blockade endete auch die Vermögenskontrolle der französischen Militärverwaltung über Meyer. Erst von nun an konnte man ohne Einschränkungen wirtschaften. Doch es herrschte noch große Unsicherheit über die Vermögensverhältnisse in der Aktiengesellschaft. Die Zeitungen munkelten über »Görings Geld«, das noch im Betrieb stecke[3], und über Restitutionsansprüche, über die mit Warschauer verhandelt worden sei.[4] Zumindest letzteres traf wohl nicht zu. »Restitutionsansprüche irgendwelcher Art bestehen nicht,«[5] hieß es kurz darauf. Mehrere Aktienpakete hatten in der Zwischenzeit ihre Besitzer gewechselt. Darunter befanden sich wohl auch Anteile der Erben Robert Melchers, die noch 1951/52 mit etwa 10 Prozent am Unternehmen beteiligt waren.[6] Bereits 1948 hatte man die Witwe Robert Melchers' mit einer Geldsumme und einer monatlichen Pension abgefunden.[7] 1952 erwarb die Central-Geschäftsstelle Georg Hirsch, München, eine Aktienmehrheit von rund 94 Prozent, die 1956 an Rudolf August Oetker veräußert wurde. 1959 wurde die Aktiengesellschaft in eine Kommanditgesellschaft umgewandelt. Diese fungiert seit 1985, als sich die Firmen Hermann Meyer & Co. KG und Butter-Beck zur Meyer & Beck Handels-K.G.aus 60 Prozent Anteilen von Oetker und 40 Prozent Anteilen von Beck zusammenschlossen, als »Altvermögensgesellschaft«, die in erster Linie der neuen Handels-K.G. ihren Namen zur Verfügung stellt.

Doch zurück ins Jahr 1948. Der Kalte Krieg machte auch — oder gerade — vor der Lebensmittelbranche nicht halt. Und man war nicht zimperlich in der Wortwahl: »Humanitäre Phrasen, rabulistische Thesen und glatte Verhandlungstricks« warf man der »Karlshorster Propaganda-Drehbühne« vor.[8] »Daß die Wirkung des roten Giftes auf den Wirtschaftskörper der russisch annektierten Zone und des ausgepowerten Ostsektors von der Öffentlichkeit nicht ohne Entsetzen wahrgenommen wird, merkte die Treuhandverwaltung offenbar am ständig sich verringernden Absatz der Produkte ihrer Betriebe.«[9] Das war weit übertrieben, wenn nicht sogar ins Gegenteil verkehrt. Denn nach der Aufhebung der Blockade hatte die West-Berliner Wirtschaft schwer mit dem »Ost-Dumping«, der Konkurrenz billiger Waren aus der »russisch annektierten Zone«, zu kämpfen. Aber auch die Konkurrenz aus der Bundesrepublik, die ihre Wirtschaft im Gegensatz zur Berliner während der Blockadezeit modernisieren konnte, bereitete der Halbstadt nicht wenig Probleme.[10] »Wettbewerbsverzerrungen« in die umgekehrte Richtung ergaben sich aus dem schier unerschöpflichen Absatzmarkt, den der

West-Berliner Handel durch die »Einkaufstouristen« aus der DDR fand, und durch die niedrigere Alkohol-Verbrauchssteuer in West-Berlin.

Nach Kriegsende hatte sich die Nahrungs- und Genußmittelindustrie als erste wieder erholt und war zum wichtigsten Zweig der Konsumgüterindustrien der Stadt geworden. Auch 1954 konnte sie hier noch den zweiten Platz hinter der Bekleidungsindustrie behaupten.[11] Allerdings: »Der weiterhin hohe Anteil des Nahrungs- und Genußmittelhandels am gesamten Einzelhandelsumsatz beruht zum Teil auf der noch immer geringen Kaufkraft der Bevölkerung. Die Zahl der Arbeitslosen, Rentner und Sozialunterstützungsempfänger in Westberlin ist gegenüber der der Vorkriegszeit wesentlich größer. Die diesem Personenkreis zur Verfügung stehenden Mittel sind daher aber so gering, daß hiermit nur die Mieten und die unbedingt notwendigen Nahrungsmittel bezahlt werden können. Hieraus resultiert eine Schlechterstellung der übrigen Einzelhandelszweige und eine relative Bedeutungssteigerung des Nahrungsmitteleinzelhandels.«[12]

Aber auch die politische und geographische Lage der geteilten Stadt erschwerte den Anfang: Dem Import von Weinen und Brennweinen beispielsweise waren enge Grenzen durch die von den Alliierten kontrollierten Importlizenzen gesetzt, und das Hinterland, die Mark Brandenburg, aus der Meyer traditionell Bohnen und Spargel für seine Konserven oder das Obst für Marmeladen und Fruchtweine bezogen hatte, war von West-Berlin abgeschnitten.

In dieser Situation versuchte man, auf dem westdeutschen Markt Fuß zu fassen, und schuf sich dort bereits 1950 ein umfangreiches Großhandels-Generalvertretungsnetz. Einige Jahre später siedelte der damalige Hauptaktionär, die Centralgeschäftsstelle

Hirsch, die Berliner Traditionsfirma mit Supermärkten in München an. Auch der neuen Bundeshauptstadt am Rhein machte Meyer seine Aufwartung. Unter dem Namen »Bei Meyer« wurde in Bonn eine Gaststätte eröffnet, in der nur Berliner Spirituosen und Biere ausgeschenkt wurden.

Erst mit einigen Jahren Verspätung erreichte das »Wirtschaftswunder« Berlin. Seit etwa 1953 war es auch bei Meyer angekommen. Unterstützt durch ERP-Mittel wurden die Produktionsanlagen in der Wattstraße modernisiert und vergrößert. Anfang 1950 beschäftigte das Unternehmen 400 Arbeiter und Angestellte, 250 weitere Angestellte waren in den Filialbetrieben tätig. Bereits im Januar jenes Jahres lief in der Wattstraße die leistungsfähigste Weinbrennerei Berlins an. 1955 mußte sie bereits vergrößert und von Grund auf neu eingerichtet werden. Auch die anderen Produktionszweige wurden wieder aufgenommen: Konserven- und Marmeladenherstellung, Sekt- und Weinabfüllung, Mineralwasser- und Fruchtsaftgetränkeproduktion sowie die Kaffeerösterei. In den Jahren nach 1953 konnte der Betrieb noch einmal stark expandieren. Die Zahl der Mitarbeiter wuchs von 550 im Jahr 1952 auf 900 in 1955 und 1200 in 1956. Sichtbarster Ausdruck dieses Wiederaufbaus wurde das 1957 errichtete neue Verwaltungsgebäude in der Wattstraße. Bis zu seinem Umzug in die Reinickendorfer Montanstraße im Jahr 1977 hatte das Unternehmen dort seinen Sitz. Man wählte für den Entwurf einen der namhaftesten Berliner Architekten dieser Zeit: Paul Schwebes. Dessen Architektur hatte mit dem Telefunken-Hochhaus am Ernst-Reuter-Platz, dem Zentrum am Zoo in der Budapester Straße oder dem Hotel Kempinski am Kurfürstendamm das Bild des modernen West-Berlin in den fünfziger und sechziger Jahren wesentlich mitgeprägt. Daß für Meyer, wenn es um die Unterbrin-

**Alfred Seelig**
**1947**

Die neue
Abfüll-Anlage bei
Hermann Meyer &
Co.
1955

Flaschen werden
verkorkt und
etikettiert
1955

Ein Blick in den
Weinkeller
1955

gung seiner Verwaltung ging, nicht nur Funktionalität und Finanzen eine Rolle spielten, sondern ebenso die ästhetische Qualität, daran hatte sicher der damalige Geschäftsführer, Alfred Seelig, einen großen Anteil. Seinem Engagement ist auch die fruchtbare Verbindung zwischen dem Unternehmen und dem damals gerade neu gegründeten Berlin Museum zu verdanken. »Die Firma Hermann Meyer & Co.«, erinnert sich der Mitbegründer des Museums, Edwin Redslob, »stiftete zu ihrem fünfundsiebzigsten Bestehen eine Chodowiecki-Sammlung, einst von des Künstlers und Lessings Freund Nicolai angelegt. Sie gab zugleich die

neuen Verwaltungsgebäude wurde auch die Kantine eingerichtet, die inzwischen in den meisten Betrieben selbstverständlich geworden war, nicht hingegen, wie bei Meyer, ein Dachgarten oder eine Werksbibliothek. Die Tradition der Hermann Meyer-Unterstützungseinrichtung wurde ebenfalls fortgeführt und natürlich auch die der Betriebsfeste. »Soziale Marktwirtschaft« wurde praktiziert: »Wir wollen nicht leben, um zu arbeiten. Wir wollen arbeiten, um zu leben. Die Menschheit hat sehr viel Lehrgeld bezahlen müssen, um diese ideale Doktrin der fundierten Lebensfreude schließlich doch zu verwirklichen. Dafür mußten – zum Glück für alle – etliche Privilegien und Klassenstandpunkte aufgegeben werden. Zwischen den einstigen Gründerjahren und der Zeit der sozialen Marktwirtschaft liegen ganze Welten und grundlegende Unterschiede. Die pluralistische Gesellschaft unserer Zeit kennt keine Standesunterschiede mehr. Das Gespenst der Arbeitslosigkeit ist gebannt. Die gute Konjunktur ist zum fast konstanten Charakteristikum des Wirtschaftslebens, die Soziologie im Sinne echten sozialen Denkens zum Partner aller geworden.«[15]

**Meyer-Werbung am Theodor-Heuß-Platz um 1965**

Zusage, im Sinne eines Patronats für deren weiteren Ausbau zu sorgen. Diese Spende wurde in einer eindrucksvollen Sonderausstellung gezeigt.«[13]
Kaum vorzustellen wäre der Wiederaufbau des Unternehmens, wäre er nicht von der Belegschaft »in vorbildlicher Weise unterstützt« worden. Die Arbeiter und Angestellten hatten »in treuer Mitarbeit und in verständnisvollem Eingehen auf die Notwendigkeit erhöhter Einzelleistungen auch bei schlechtesten Ernährungsverhältnissen die besten Leistungen vollbracht«. So betrachtete es die Geschäftsleitung »wie in früheren Jahren als unsere selbstverständliche Pflicht, die sozialen Verhältnisse unserer Belegschaft zu bessern.«[14] Im

1  *Die neue Zeitung* vom 8.12.1951.
2  Deutsche Treuhand-Gesellschaft, Berlin, Akte Nr. 747, Prüfbericht Betrieb Grüneberg und Zentrale, 1948.
3  *Die neue Zeitung* vom 14.10.1948.
4  *Der Tag* vom 31.12.1948.
5  *Der Kurier* vom 2.1.1950.
6  *Der Tagesspiegel* vom 14.1.1950; Handelsregisterakte, Stimmenanmeldungen zu den Hauptversammlungen vom 24.1.1950 und 22.11.1951; Akten der Firma Meyer & Beck, Ordner »Hirsch« Notizen vom 8.6., 18.6., 23.6.1953 und 21.12.1954.
7  Deutsche Treuhand-Gesellschaft, a.a.O.
8  *Der Tagesspiegel* vom 22.9.1948.
9  ebd.
10  Hans-Joachim Müller, *Strukturwandlungen der Berliner Wirtschaft in der Zeit von 1935 bis zur Gegenwart*, Staatswiss. Diss. Bonn 1956, S. 22f.
11  ebd., S. 58b–58i.
12  ebd., S. 104.
13  Edwin Redslob, *Von Weimar nach Europa – Erlebtes und Durchdachtes*, Berlin 1972, S. 361f.
14  Geschäftsbericht 1950, S. 6.
15  75 Jahre …, a.a.O., ohne Pag.

Meyers neue
Firmenzentrale in
der Wattstraße mit
der neuen Kantine
und dem
Dachgarten
um 1964

Die erste
Selbstbedienungs-
Filiale in der
Steglitzer
Schloßstraße
1953

## 19.

# Das neue Schlaraffenland

Über zehn Jahre lang waren rationierte Lebensmittel über die Meyer-Filialen verteilt worden. Die Entwicklung des Unternehmens von der Spirituosenherstellung zum Lebensmittelhandel, die nach dem Ersten Weltkrieg bereits ihren Anfang genommen hatte, war durch den Zweiten Weltkrieg und die Nachkriegszeit noch verstärkt worden. Krieg, Blockade und Mangelwirtschaft hatten Meyer endgültig zum »Vollsortimenter« gemacht. In den frühen fünfziger Jahren konnte endlich mit der Modernisierung der Meyer-Läden begonnen werden. Auf Reisen in die U.S.A. informierte man sich über den neuesten Standard auf dem Gebiet des Lebensmitteleinzelhandels. Jenseits des Atlantik hatte sich inzwischen längst ein System durchgesetzt, dessen erste Anfänge in Deutschland durch den Weltkrieg abgebrochen worden waren: die Selbstbedienung. In der Bundesrepublik waren nach dem Krieg bereits wieder einige dieser Läden eröffnet worden. Mit der Meyer-Filiale in der Steglitzer Schloßstraße erhielt auch Berlin im März 1953 seinen ersten größeren Selbstbedienungsladen. Zwölf Jahre später war bereits der überwiegende Teil, 92 der 120 Meyer-Filialen, auf Selbstbedienung umgestellt. Vor allem aus Rationalisierungsgründen bot dieses System Vorteile: »Raumgewinn von etwa 30—40 Prozent gegenüber dem Bedienungsladen, beachtliche Senkung der durchschnittlichen Dauer des Verkaufs pro Kunden, keine lästigen Wartezeiten, unmittelbare Wirkung der Ware durch ihre Aufmachung auf den Kunden und damit beträchtliche Erhöhung des Durchschnittsumsatzes pro Einkauf, geringerer Bedarf an hochqualifiziertem Verkaufspersonal, das im Lebensmittelhandel immer seltener wird.«[1]

Die Umstellung auf Selbstbedienung hatte eine ganze Kette von Rationalisierungsmaßnahmen zur Folge, die das Gesicht des Lebensmittel-Einzelhandels bis heute prägen. Schon 1953 war gleichzeitig mit der Einrichtung von Selbstbedienungsläden auch der Umbau der dritten Etage in der Wattstraße zum Zwecke der zentralen Lebensmittelabpackung geplant. »Selbstbedienung ist ohne Vorpacken der losen Ware überhaupt nicht denkbar. (…) Während noch eine Verkäuferin zum verkaufsfertigen Abwiegen von 500 g Reis durchschnittlich eine Minute 13 Sekunden und die im Hinterraum einer Filiale arbeitende geübte Packerin 16 Sekunden benötigte, lieferte die Packmaschine 12 verkaufsfertige Einheiten in der Minute, d.h. sie benötigt pro 500 g Reis nur 5 Sekunden. Die Packmaschinen, Wunder an Selbsttätigkeit, sind überdies von einem Artikel auf den anderen umzustellen und erlauben so bei voller Ausnutzung ihrer Leistungsfähigkeit eine weitgehende Mechanisierung des Verpackens überhaupt.«[2]

Die Verpackung von Nahrungsmitteln verlegte sich daher im Laufe dieser Jahre immer mehr in die Herstellerbetriebe selbst. Das machte den Transport der verpackten Ware über weite Strecken notwendig, was den zweiten Schritt der Rationalisierung nach sich zog: die Standardisierung der Verpackungsmaße. Die Euro-Palette

»…Schnaps, Tante Mathilde, Schnaps… Keine Feier ohne Meyer!!« Werbekarikatur von Carolus 1953

wurde zum gemeinsamen Nenner für alle Kartons zwischen Nordkap und Sizilien, egal ob sie Zuckertüten, Keksdosen, Marmeladengläser oder Joghurtbecher enthielten. Schiffscontainer, LKWs und Hochregallager sind gleichermaßen auf sie zugeschnitten. Bis herunter zu den kleinsten Einheiten war alles mit ihr kompatibel: die Größe der Konservendosen, Bierflaschen, Milchtüten, Zahnpastapackungen und damit letztlich auch die Höhe der Regalfächer und die Breite der Gänge im Laden selbst.

Auch für die Kunden schien das neue Verkaufssystem Vorteile zu bieten. »Kein Ladentisch, kein hindernder Glasaufbau trennt die Ware mehr von der eintretenden Kundin, die die einzelnen Artikel getrost in die Hand nehmen und prüfen kann.«[3] »Der ideale Einkauf ist die Selbstbedienung«, versprach Meyers Handzettel zur Eröffnung des neuen Ladens: »Jeder Einkauf ein Vergnügen, zwanglos wählen, selbst nehmen, kein Warten, beste Übersicht.« Die Lebensmittel, die bis vor kurzem nur auf Marken ausgegeben worden waren, konnte man sich nun einfach aus dem Regal nehmen: »Das haben unsere Ahnen vorgeahnt, als sie das Märchen vom Schlaraffenland schrieben.«[4]

Aber so ganz traute Meyer dem Märchen wohl doch nicht. Für die Leitlinien der zukünftigen Geschäftspolitik bemühte man die Wissenschaft. Marktanalysen, Verbraucherbefragungen, Marketingstrategien und Verkaufspsychologie nahmen nun den Platz der Schulungsnachmittage für Filialistinnen ein. Anstelle der Verkäuferin hatte nun »die Ware das Wort; sie spricht in allen Sprachen moderner Verkaufspsychologie: Packend mit der Packung, appetitlich durch die Frische, begreifbar durch die sofortige Greifbarkeit.«[5] Die Ware »empfahl« sich quasi selbst; nur kam es jetzt darauf an, sie ansprechend zu verpacken und geschickt zu plazieren oder den Laden nach verkaufspsychologischen Gesichtspunkten einzurichten. So lautete 1966 die Empfehlung der Gesellschaft für Konsum-, Markt- und Absatzforschung an Meyer: »Größere Läden erwecken beim Konsumenten die Vorstellung von größerer Sortimentsbreite und Sortimentstiefe. Kunden solcher Geschäfte zeigen eine erhöhte Kaufbereitschaft für die einzelnen Sortimentsteile. Daraus ergibt sich die Forderung nach größeren Läden, die zu einer stärkeren Berücksichtigung der einzelnen Sortimentsteile ebenso führt, wie zu einer Vergrößerung des Einzugsbereiches. Größere Läden mit breiteren und größeren Sortimenten am entsprechenden Standort ziehen also mehr

Kunden an und liefern zugleich die Chance zu höheren Umsätzen mit den einzelnen Kunden.«[6] Für diese Verkaufsstrategie waren die in Altbauten verfügbaren Ladenlokale kaum geeignet. Die großen »Supermärkte« wurden daher vor allem in Neubauten und in den vom Fernsehen angekränkelten alten Kinos eingerichtet.

Um den heimlichen Wünschen der Kunden noch ein Stückchen näher zu kommen, versuchte sich Meyer 1978 in einer neuen Idee: Ein »Kundenrat« wurde eingerichtet. »Alle drei Monate treffen sich ein Dutzend Kunden in der Zentrale in Reinickendorf, um zu schimpfen, aber auch um zu loben.«[7] »Das Bedürfnis wegzukommen von der Betriebsblindheit, die sich nach jahrelanger Arbeit zwangsläufig einstellt und die Probleme der Kunden im direkten Gespräch zu erfahren, führte zu dieser Idee.«[8] »Wir sind sozusagen das Parlament des Verbrauchers«[9], drückte es eines seiner Mitglieder aus. »Mehr Demokratie wagen« wollte man nun auch im Supermarkt.

1  *Selbstbedienung wider Willen. Beispiel einer Rationalisierung,* Butter Hoffmann, Basel, Brilon o.J., ohne Pag.
2  ebd.
3  ebd.
4  *75 Jahre...,* a.a.O., ohne Pag.
5  ebd.
6  *Meyer-Marktstudie. Eine Untersuchung bei 600 weiblichen und 200 männlichen Verbrauchern in West-Berlin,* Textband, GfK Nürnberg 1966, S. 45.
7  *Berliner Morgenpost vom 20. Mai 1981.*
8  *Der Abend vom 14.12.1978.*
9  *Bild-Zeitung,* Berlin, vom 10. März 1983.

**Handzettel zur Eröffnung der zweiten Selbstbedienungs-Filiale in der Moabiter Turmstraße im Juni 1953**

In einer
Meyer-Selbst-
bedienungs-
Filiale
1953

Selbstbe-
dienungsladen
mit Kamera-
Überwachung
um 1960

MEYER-
Selbstbedienung

Werbeprospekt
um 1960

Kino-Werbung
1965

## 20.

# Meyer und die verschiedenen Geschmäcker

Essen war nie allein nur Nahrungsaufnahme. Selbst in Zeiten des Mangels verband sich mit dem physischen Hunger immer auch die Sehnsucht nach »Geschmack«. So blieb die Ernährung in Kriegs- und Nachkriegszeit nicht allein wegen ihres fehlenden Nährwertes in so schrecklicher Erinnerung, sondern auch wegen ihrer Eintönigkeit, ihrem Mangel an »Ästhetik«. Essen und Trinken, – das ist ein Geflecht aus dem Einkommen und den Gewohnheiten, von Lebensstandard und Lebensstil der Konsumenten, aber auch dem jeweiligen Zeitgeist, seinen kurzfristigen Moden und langfristigen Wandlungen. Meyer konnte nicht unberührt bleiben von diesen Veränderungen, denn sie vollzogen sich mit seinen Kunden.

Es kam das »Wirtschaftswunder« und seine »Wellen«:
Bei der ersten »Freßwelle« 1950/51 wurde erst einmal das Sattwerden nachgeholt. Dabei waren »auch unter den gepflegtesten Haushalten (…) besondere kulinarische Feinheiten kaum zu finden.« Und was die Genußmittel anbetraf, waren »Alkohol- und Tabakkonsum deutlich an die ›Wohlhabenheitsstufe‹ gebunden.«[1] Das sollte sich bald ändern. Es kam Mitte der fünfziger Jahre – inzwischen hatte man sich neu eingekleidet, vielleicht sogar größere »Anschaffungen« gemacht – die erste »Edelfreßwelle«. Da hieß es wieder: »Keine Feier ohne Meyer«. Weine und Spirituosen von Meyer waren für viele der erste Luxus im neuen Wohlstand; und so wurden sie auch in der Werbung der fünfziger Jahre dargestellt: Meyer-Cocktails für die Dame an der Bar im New-Look-Kleid, Meyer-Bowlen, wenn der Rock'n Roll aus dem Transistorradio tönt, Meyer-Rum-Verschnitt in der heimischen Haifisch-Bar, Meyer-Liköre, um dem Mann im Fernsehen zuzuprosten, Meyer-Orangenlimonade am Strand, wenn bei Capri die rote Sonne… – oder auch am Wannsee. Ein Hauch von Exotik und Luxus durchweht die Rezeptheftchen. Die empfohlenen Mixgetränke heißen »Palm Beach«, »Napoli«, »Hawaii«, »Love me«, »White Way« – und »Daisy«.

Kino-Werbung
um 1963

Ich bitte um einen MEYER Likör

Gaststätten-
Werbung
1956

»Kühler Tip für
heiße Tage: ein
erfrischender
Coctail auf Eis. Und
damit das hübsche
Sommerkleid der
jungen
Gastgeberin keine
häßlichen Flecken
bekommt, trägt
man bei der Party
ein schmuckes
Schürzchen. Ob
Karo, Rüschen oder
ein Grellbuntes
Phantasiemuster –
dieses neckische
Zubehör ist sogar
gesellschaftsfähig:
Man braucht es
beim Servieren
nicht abzubinden.«
1960

**Sammelblätter mit
Mix-Rezepten
um 1958**

MEYER
Cocktails

Sammelblätter mit
Mix-Rezepten
um 1958

**Litfaßsäule
1965**

Einer der Renner des Sortiments war nach über einem halben Jahrhundert immer noch: »Santa Rosa«. Der »Kraft-Rotwein für Blutarme und Schwache« hatte sich zum Elixier der Urlaubsträume vom Strand von Rimini gemausert: »Zwei Millionen Deutsche besuchten in diesem Jahr Italien,« schrieb Meyer 1956. »Die Sonne lockte, die Sonne und der Wein. Wenn von schönen Urlaubstagen die Rede ist, dann auch vom Wein dieser gesegneten Gefilde. Selbstverständlich, daß Meyer dies weiß, selbstverständlich, daß Meyer diese Weine auch für seine Kunden herbeigeschafft hat, für die, die diese Weine im Herkunftsland kennen und lieben lernten, aber auch für die, denen davon erzählt wurde. (...) Meyer ladet daher zur Urlaubsnachfeier und zum Vorgeschmack auf die künftigen Reisen in die Sonnenländer ein.«[2]

Es war die Zeit des Knabbergebäcks und der Partykeller, der Cocktails und Cocktailkleidchen, Cocktailschürzchen, Cocktailhäppchen, Cocktailspießchen. Das Symbol für die »Kochkunst« der fünfziger Jahre: der Hawaii-Toast. »Ornamentale Küche« nannte Roland Barthes diese Gerichte, die eigentlich nur aus Verzierungen bestanden. Hier ging es um die Form, nicht um den Inhalt. Das Essen und Trinken gewann mit zunehmendem Wohlstand wieder eine seiner ältesten Funktionen zurück: die des gesellschaftlichen Rituals und der Selbstdarstellung. War der »Notwendigkeits-Geschmack« erst einmal überwunden und ein gewisser Lebensstandard erreicht, trat der Lebensstil, das Bedürfnis nach geschmacklicher Differenzierung in den Vordergrund. »Denn durch das Glas-Erheben kriegt zuweilen unser Leben den gehobenen Lebensstil und ein fröhliches Profil«, reimte Meyer in diesem Sinne 1965 und gab in seinen Broschüren kulinarische Nachhilfe: »Vor dem Essen ein Glas Sherry oder Wermut Corso oder Sekt zur Anre-

gung; zum Fisch-Vorgericht wird ein Mosel-, Saar-, oder Ruwer Wein gereicht. Dunkles Fleisch – Gans, Bratente oder Wild – verlangt einen guten deutschen Rotwein oder einen feurigen Weißwein.« In Schaubildern wurde verdeutlicht, welcher Wein zu welchem Essen paßt, Tabellen erläuterten »Fachausdrücke« wie »edel«, »körperreich« oder »rassig«. Viele Verbraucher betraten in ihrer Küche ganz offensichtlich Neuland. Die geschmackliche Differenzierung, die hier stattfand, war jedoch auch Teil einer sozialen Differenzierung. In den Nachkriegsjahren mit ihrer hohen sozialen Mobilität, bekam der Lebensstil – das ist auch der beim Essen und Trinken gepflegte Stil – eine besondere Bedeutung. Er wird zur Vollendung des sozialen Aufstiegs, zum Ausweis der Zugehörigkeit zur neuen gesellschaftlichen Klasse. Und er hat diese Bedeutung noch heute.[3]

Die Zeitungsköche und selbsternannten Gastrosophen greifen also zu kurz, wenn sie den Küchen-Manierismus der fünfziger Jahre, die Vorliebe für Schmelzkäse-Scheibletten und Ananas-Scheibchen als bloße Unwissenheit kritisieren. Was antwortete Roland Barthes auf die Frage »Was ist Nahrung? Nicht nur eine Reihe von Produkten, die statistischen und diätischen Studien unterworfen sind. Sondern zugleich auch ein Kommunikationssystem, ein Vorrat an Bildern, ein Regelwerk des Gebrauchs, des Reagierens, des Sich-Verhaltens.«[4]

Auf den gewandelten Zeitgeist reagierte Meyer mit einem neuen Filial-Konzept. Spektakulärer Auftakt war 1966 die Eröffnung der Filiale in der Meinekestraße. Großzügige Läden hatte das Marktforschungsinstitut gefordert, und nicht zuletzt wollte Meyer wieder stärker an sein Image als Feinkostgeschäft anknüpfen. Für dieses »Flaggschiff« der Kette holte man sich ein junges Team Schweizer Architekten, die sich mit Diskotheken und Boutiquen einen Namen gemacht hatten, und ließ ihnen alle Freiheit, eine vollkommen neue Art von Supermarkt zu gestalten. Großzügig und edel wurde er, mit Spiegelwänden und Mahagonitäfelungen, an der

Decke und draußen an der Fassade prangten Pop-Art Riesenfrüchte. Vor allem aber präsentierte man hier ein »gehobenes Sortiment«, das es bisher noch in keinem Selbstbedienungsladen zu kaufen gab. Für die oben beschriebenen Neulinge auf dem Gebiet der französischen Weine etwa baute man so die Hemmschwelle ab, die im Bedienungsladen durch die Schwierigkeiten mit der

**Der Meyer-Markt in der Meinekestraße am Kurfürstendamm. Die Bemalung der Fassade (oben) Innen (mitte) Modell für die Fassade (unten) 1966**

Aussprache bestand. Und das Einkaufen selbst sollte zum »Erlebnis« werden: Edelhölzer, Fachwerkpavillons, Schindelholzdächer über der Fleischabteilung hielten in 30 bis 40 Meyer-Filialen Einzug. Auch hier ging es um den Stil, darum wie man einkauft, nicht allein was.

Mit dem Wohlstand der Verbraucher und dem gehobenen Niveau des Sortiments kehrte jedoch auch ein Pro-

leisten wollte, sobald er nur irgend konnte, kamen sie nicht an. So entschloß man sich 1968, die Produktion einzustellen. Meyer wurde zum reinen Einzelhandelsunternehmen.

Zehn Jahre später lautete die Klage dann, Meyer habe ein »Teuer-Image«, und die Mahagonitäfelungen wurden weiß übertüncht. Es gab ein kurzes Zwischenspiel im Discount-Look. Es waren dies auch die

ger Jahre auch in Deutschland angelangt, schulte wieder den Geschmack für die Qualiät der Zutaten. Gesundheits- und Bio-Welle taten das ihre dazu. Auf das neue Qualitätsbewußtsein stellte sich auch Meyer ein. Das Gemüsesortiment wurde ausgeweitet, Rind- und Lammfleisch aus Irland eingeführt; Produkte, bei denen der Eigengeschmack noch nicht ganz der Rationalisierung der Landwirtschaft zum Opfer gefallen ist. Denn die Meisterköche hatten dem üblichen Lebensmittelangebot ein verheerend schlechtes Zeugnis ausgestellt: »Die Zuwachsrate der Fisch- und Fleischindustrie hat ähnlich fatale Auswirkungen auf den Geschmack ihrer Produkte wie die Zuwachsrate der Automobilindustrie auf die Existenz der Alleebäume.«[6] Aber die Unabänderlichkeit und die unübersehbare Bequemlichkeit des modernen Massenkonsums nötigten auch die Puristen zum Kompromiß: »Darüber immerfort zu jammern wäre allerdings ebenso naiv wie der Glaube an die Reinheit des Weines. Die Kochkunst entwickelt sich ständig, mal langsam, mal hektisch. (…) Warum also, wenn die Dinge nicht mehr schmecken, warum dann nicht würzen, bis endlich doch so etwas wie ein Geschmack zustande kommt?«[7] Auch die Puristen aus der anderen Ecke erklärten resigniert: »Die Flucht aufs Land ist keine Ausweg. Es gibt keine Idyllen mehr. Die Vergiftung hat auch den abgelegensten Landstrich erreicht. Der biologische Anbau etwa isl eine Groteske, da Luft, Wasser und Boden nirgendwo mehr biologisch rein sind.«[8] Was blieb anderes, als sich »der Zerstörung des menschlichen Lebens und der Naturbasis« wenigstens im Kleinen zu widersetzen, gemeinsam zu kochen und zu essen, »in ungehemmter Lebenslust zu genießen. Auf dieses Ziel hin tätig zu sein, ist ein kleines Stück ›Träumen im voraus‹ (Bloch), und das ist ja auch etwas Politisches. Orale Frustration in vielfältiger Schattierung ist eine der großen Errungen-

blem zurück, über das schon »der alte Meyer« zu klagen hatte: die »Vorliebe des Publikums für ausländische Erzeugnisse«. Die »Markenartikel« kamen auf. Die alten Meyer-Traditionsmarken wie »Corso«, »Santa Rosa« oder »Schwarz-Gold«, die in den fünfziger Jahren noch »die Renner« gewesen waren, verloren ihren Reiz. Gegen das Prestige internationaler Namen, die zu Statussymbolen geworden waren und die sich jeder

schwärzesten Zeiten der deutschen Küche: »Die Ansprüche eines Restaurants erschöpften sich im Flambieren — bei höchsten Ansprüchen gingen die Lichter aus —, ob es paßte oder nicht. Zum Essen gab es süßen Wein, der möglichst ein Durchschnitt zu sein hatte, ohne Geschmack nach Gegend, Lage oder Rebsorte.«[5] Von hier aus konnte es nur noch aufwärts gehen. Und es ging. Die französische nouvelle cuisine, seit Ende der siebzi-

schaften der kleinbürgerlichen Sozialisation, und so liegt im kollektiven Leben auch die Chance, erst einmal richtig essen zu lernen«.[9] Hier treffen sie sich, ob mit Siebeck beim Coq au vin oder in der linken Wohngemeinschaft bei vietnamesischer Küche, in ihrem Spaß am Kochen und Essen und ihrem Bewußtsein für Qualität: »Es sieht aus, als hätten sich die Pessimisten gründlich verrechnet. Wir ernähren uns *nicht* von Vitaminpillen. Wir ersetzen herkömmliche Essen *nicht* durch Astronauten-Menüs. Im Gegenteil läßt sich feststellen, daß immer mehr Menschen immer mehr Zeit in der Küche verbringen, weil es ihnen immer mehr Spaß macht, dort genau jene Art von Ernährung zu produzieren, die, wenn es nach den Futurologen von gestern ginge, gar nicht mehr existieren könnte: das mit Liebe und Leidenschaft gekochte Essen à la maison, eine durch und durch individuelle Küche.«[10]

So scheinen immer mehr Menschen, Brechts Einsicht zu teilen, »daß Genußsucht eine der größten Tugenden ist. Wo sie es schwer hat oder gar verlästert wird, ist etwas faul.«[11]

1  Anna Ronge/Walter Becker, *Erhebung über die Ernährungsverhältnisse in 25 Westberliner Haushalten mit Kindern,* Münster 1954, S. 31, 38. Die Befragung fand 1951/52 statt.
2  Werbe-Handzettel der Firma Meyer, 1956.
3  Pierre Bourdieu, *Die feinen Unterschiede. Kritik der gesellschaftlichen Urteilskraft,* Frankfurt am Main 1982.
4  Roland Barthes, Für eine Psycho-Soziologie der zeitgenössischen Ernährung, in: *Freiburger Universitätsblätter, 21* (1982) H. 75, S. 67.
5  Karl Möckl, Die große deutsche Küche. Formen des Eßverhaltens seit den siebziger Jahren, in: *Vom Hungerwinter. ... S. 56.*
6  Wolfram Siebeck, *Kochen bis aufs Messer,* München 1982, S. 8.
7  ebd., S. 8f.
8  Peter Fischer, *Schlaraffenland, nimms in die Hand. Kochbuch für Gesellschaften, Kooperativen, Dichterkreise, Wohngemeinschaften, Vereine und andere Menschenversammlungen,* Berlin 1975, S. 9.
9  ebd., S. 12.
10  Siebeck, a.a.O., S. 34.
11  Bertolt Brecht, Flüchtlingsgespräche, in: *Gesammelte Werke,* Bd. 14, Frankfurt am Main 1967, S. 1483.

**Die Meyer-Filiale in der Breisgauer Straße, Zehlendorf 1990**

**Heute stellt sich Meyer mit 86 modernen Filialen dem Berliner Konsumenten dar.**

Die Meyer-Filiale in
der Leipziger
Straße
1990

## 21.

# Meyer ohne Mauer

In der Nacht vom 9. auf den 10. November 1989 öffneten sich die Grenzen der DDR. Die Historiker mögen in späteren Zeiten über dies und die darauf folgenden Ereignisse befinden. Hören wir über die Gegenwart und die Zukunft des Unternehmens in dieser neuen Situation seinen Marketingleiter, Jörg Ridder. Er berichtet, wie die Öffnung der Berliner Mauer bei Hermann Meyer & Co. aufgenommen wurde, wie man in den nächsten Tagen den Ansturm der DDR-Bürger auf die »Westwaren« bewältigte und die ersten Weichen für die Zukunft stellte.

»Selbstverständlich wurde am Morgen des 10. November die ›Sensation‹ auch im Hause Meyer heftig diskutiert. Alle, die man sah und sprach, waren sichtlich berührt. Die Geschäftsführung rief den Führungskreis zu einer Situationsbesprechung zusammen. Leitgedanke: Wenn nach 28 Jahren die Grenzen geöffnet werden, werden wir nicht bürokratisch genau unsere Läden schließen, sondern den DDR-Bürgern Gelegenheit zum Einkaufen geben. Mit den am stärksten betroffenen Filialen wurde vereinbart, daß der Ladenschluß für

diesen Freitag und den darauffolgenden Samstag flexibel gehandhabt werden sollte. Auch die Warenversorgung mußte gesichert werden. Für die Fahrzeuge war im gesamten Stadtgebiet kaum noch ein Durchkommen. Freitag Nachmittag in der Filiale am Kurfürstendamm 140: Nichts geht mehr. Der Laden ist voll wie noch nie. Dicht gedrängt stehen die DDR-Bürger vor den vollen Regalen und können es überhaupt nicht fassen: Alles das, was sie dort in bunter Pracht mit den eigenen Augen sehen, mit den eigenen Händen befühlen können, alles das kann man kaufen. Und wenn ihnen unsere Mitarbeiter auf Fragen antworten, das gibt es immer und in jeder gewünschten Menge, so grenzt es für sie an ein Wunder. Schritt für Schritt schieben sich die Menschen durch den gesamten Laden. Erstes Ziel sind die Süßwaren, allen bekannt durch die Werbung in Funk und Fernsehen, und der Obststand mit den Bananen. Coca Cola, Bier, Säfte, Konserven, Kosmetik alles wird gekauft.

Die Filialmannschaft versucht ihr Bestes, um wieder Ware in die Regale zu bekommen. Vor dem Eingang und im Laden vor dem Drehkreuz hat sich eine große Menschentraube gebildet. Kein Gedränge, wie im Westen üblich, sondern man wartet geduldig auf

**Die Obst- und Gemüseabteilung in der Leipziger Straße**

den nächsten freien Einkaufswagen; erst dann wird der Laden betreten.

Um halb neun Uhr abends muß die Filiale geschlossen werden. Nicht, weil alle nach Hause wollen, sondern weil die Regale leer sind. Bis halb zwölf werden sie, soweit Ware verfügbar ist, wieder aufgefüllt, um für den nächsten Tag verkaufsbereit zu sein.

Am nächsten Tag dasselbe. Noch lange vor Ladenöffnung bildet sich eine Schlange, und die Filiale ist bald wieder völlig überfüllt. Wieder ungläubige Gesichter, große Augen. Die DDR-Bürger können ihr Glück kaum begreifen. Für die Mitarbeiter wird es immer schwieriger, noch Ware in den Laden zu bekommen. Noch bevor der Nachschub im Regal ist, ist er bereits weggekauft. Kein Wunder, denn bislang zahlte man für Champignons in der Dose oder im Glas 13 Mark, und nun bekommt man das Gleiche für 99 Pfennige. Trotz einer großartigen Leistung des Zentrallagers, den Mitarbeitern des Fuhrparks und denen der Filiale, die alle für Nachschub gesorgt haben, ist gegen Mittag fast die gesamte Ware weg. Um 15 Uhr wird dann geschlossen. Ziemlich geschafft wirken alle. Trotzdem sind sich alle Mitarbeiter einig, daß dieses bißchen Mehrarbeit sich gelohnt hat.

In den nächsten Wochen und Monaten werden immer mehr neue Übergänge geschaffen, und die Situation im Stadtgebiet entzerrt sich. Zum einen sind die hundert DM Begrüßungsgeld schnell verbraucht, zum anderen werden nun die Filialen in den Stadtrandlagen entdeckt. Die neue Situation wird zwangsläufig den gesamten Berliner Handel verändern. Die Entwicklung wird jedoch allgemein als sehr positiv bewertet. Für alle Unternehmen ergeben sich völlig neue Perspektiven.

Auch bei Meyer ist man zur Expansion bereit. Zum 1. Juli 1990, dem Tag der Währungsunion, übernimmt Meyer zwei Standorte der ehemaligen HO-Delikat-Kette in Ost-Berlin: das Feinkosthaus in der Leipziger Straße und, ebenfalls an prominenter Stelle, das ehemalige Delikat-Geschäft in der Rathaus-Passage, praktisch direkt unterm Ost-Berliner Fernsehturm.

Am 18. Juli ist es so weit: Meyer ist der erste, der unter eigenem Namen einen nach westlichem Standard eingerichteten, mit dem vollen Sortiment ausgestatteten Supermarkt eröffnet. Die Preise sind wie im Westen. Die Kunden sind begeistert.

Aus Werneuchen bei Bernau und aus Henningsdorf, nördlich von Berlin, kommen in den nächsten Monaten Anfragen, ob Meyer bereit wäre, einen Beitrag zur Verbesserung der Versorgungslage zu leisten. Im Kulturhaus von Werneuchen wird ein sogenannter Behelfsverkauf eingerichtet, wenig später folgt der zweite in Henningsdorf.

Daß dieses nicht die Langfriststrategie von Meyer sein kann, liegt auf der Hand. Weitere moderne Supermärkte sind letztlich das Ziel der Expansionsbemühungen. Die Weichen für die Zukunft von Meyer sind gestellt.«

Nach der Eröffnung
der Filiale in der
Leipziger Straße
1990

Abbildungsverzeichnis

ADN-Zentralbild, Berlin: 85
Berliner Geschichtswerkstatt eV.,
Herbert Neumann: 87
Bildarchiv Preußischer Kulturbesitz,
Berlin: 43, 47, 92
Deutsches Patentamt, Berlin: 28, 30
Landesarchiv Berlin: 79
Meyer & Beck Handels K.G.,
Berlin: 115
Stadtarchiv Berlin: 83
Wolfgang Tarrach, Berlin: 116—119
Ullstein Bilderdienst, Berlin: 31, 46,
102, 103, 108

Alle übrigen Aufnahmen stammen aus
Privatbesitz oder befinden sich im
Archiv des Berlin Museums.